Aphra Behn

Oroonoko
oder
Die Geschichte vom königlichen Sklaven

Aphra Behn

Oroonoko
oder
Die Geschichte vom königlichen Sklaven

SAMMLUNG JUNIUS

Aphra Behn, *Oroonoko* und die Anfänge der englischen Frauenliteratur

von Vera und Ansgar Nünning

Die erste englische Frau, die ihren Lebensunterhalt mit Schreiben verdiente und sich obendrein als Spionin, Gesellschaftskritikerin und Feministin einen Namen machte, hat es sicherlich verdient, zu den herausragenden und ungewöhnlichsten Frauen der englischen Literaturgeschichte gezählt zu werden. Daß die Anfänge der Frauenliteratur in England eng mit dem Namen Aphra Behn verbunden sind, hat schon Virginia Woolf hervorgehoben. Aphra Behns breites literarisches Œuvre wird von keinem ihrer Zeitgenossen, nicht einmal von dem berühmtem John Dryden, übertroffen: Ihre Komödien gehörten zu den meistgespielten Stücken der Restaurationszeit, sie war eine der Wegbereiterinnen für den Aufstieg des Romans und schockierte das damalige Lesepublikum mit ihrer erotischen Lyrik. Mit ihrer Erzählprosa sowie ihrem dramatischen und lyrischen Werk setzte »die George Sand der Restaurationszeit«[1] gleich mehrere Meilensteine in der Geschichte der englischen Frauenliteratur. Aphra Behn wurde zum Vorbild von Generationen von Autorinnen, denn sie war auch die erste Engländerin, die sich mit Nachdruck für das Recht der Frauen auf freie Meinungsäußerung einsetzte. Statt den damaligen Moralvorstellungen und der vermeintlichen Überlegenheit des männlichen Geistes Tribut zu zollen, durchbrach Behn hartnäckig Klischees. Obwohl sie schon aus finanziellen Gründen gezwungen war, sich am damaligen Publikumsgeschmack zu orientieren, scheute sie sich nicht, gesellschaftliche Mißstände aus feministischer Perspektive zu kritisieren. In ihren literarischen Werken entwarf sie alternative Welten und ließ etwa den Frauenfiguren in ihren Komödien oft jene Unabhängigkeit, die sie sich selbst hatte erkämpfen (und erschreiben) müssen.

Aphra Behns wohl bekanntester Roman *Oroonoko*, eines der frühesten literarischen Dokumente, in denen die Sklaverei in einem kritischen Licht erscheint, weist sie als entschiedene Verfechterin des Grundrechts auf persönliche Freiheit aus. Seine enorme Publizität verdankte der Roman, in dem das Bild des Edlen Wilden zum ersten Mal literarisch ausgestaltet wurde, vor allem der Faszination, die im 17. und 18. Jahrhundert von der Idealisierung der Naturvölker ausging. Behn hielt der verderbten Welt der europäischen Zivilisation eine afrikanische Stammeskultur und einen glücklichen Naturzustand entgegen, der von Rousseau sechzig Jahre später als Ausweg aus der Zivilisationsmisere gepriesen wurde, und schärfte so den Sinn für die Verschiedenheit von Menschen und Kulturen. Damit nimmt der Roman die moderne Einsicht vorweg, daß kulturelle Unterschiede nicht aus der Perspektive überlegener Arroganz nivelliert oder langfristig überwunden, sondern toleriert und bewahrt werden sollen. In diesem Kulturrelativismus, der sowohl die Schattenseiten des Kolonialismus als auch die Beschränktheit einer eurozentrischen Sichtweise entlarvt, und in dem kompromißlosen Eintreten für die Menschenrechte liegt die ungebrochene Aktualität von *Oroonoko*.

* * *

Obwohl die »unvergleichliche Astrea«, wie Aphra Behn von Vita Sackville-West genannt wurde, die erste englische Frau war, die dank ihrer schriftstellerischen Fähigkeiten aus der Anonymität heraustreten konnte, gibt ihr äußerst abenteuerliches Leben ihren Biographen noch immer zahlreiche Rätsel auf.[2] Daß Aphra Behn am 16. April 1689 in London starb und daß ihre Grabstätte in der Westminster Abbey zu finden ist, gehört zu den wenigen nachprüfbaren Fakten ihrer Biographie. Die Grabinschrift gibt dem Besucher einen ersten Hinweis, warum dieser Frau die Ehre eines Begräbnisses in Westminster zuteil wurde:

> Here lies the proof that Wit can never be
> Defence enough against Mortality.[3]

Wer war diese Frau, die ihre Berühmtheit ihrem Verstand und Esprit verdankte? Die wenigen Dokumente, die über Aphra Behns Leben Aufschluß geben, lassen keinen Zweifel daran, daß ihre außergewöhnliche Biographie den Stoff eines spannenden Romans abgeben könnte.[4] Obwohl Aphras Herkunft und Jugend weitgehend ungeklärt sind, gilt es heute als wahrscheinlich, daß sie nicht als Ayfara Amis im Juli 1640 geboren wurde, sondern daß sie jene Eaffrey Johnson war, die am 14. Dezember 1640 in der Nähe von Canterbury getauft wurde.[5] Ob sie tatsächlich als Katholikin erzogen wurde[6], sei dahingestellt; ihre für eine Engländerin ungewöhnliche Kenntnis katholischer Ordensgemeinschaften spricht ebenso dafür wie ihre unerschütterliche Treue zu Jakob II., den sein katholischer Glaube letztlich den Thron kostete.

Im Alter von 23 Jahren reiste Aphra mit ihrer Familie in das an der Nordküste Südamerikas gelegene Surinam, das heutige Niederländisch-Guayana, da ihr Vater zum Statthalter dieser englischen Provinz ernannt worden war.[7] Das Familienoberhaupt starb allerdings während der Überfahrt, und so blieb sie mit ihrer Familie vermutlich nur wenige Monate in jenem Teil der Neuen Welt, der zugleich der Schauplatz von *Oroonoko* ist. Da über ihren Aufenthalt in Surinam so gut wie nichts bekannt ist, hat Behns Roman vielfältigen Spekulationen darüber Vorschub geleistet, was sie als eine der wenigen Frauen unter weißen Siedlern und einer großen Zahl von Sklaven in Südamerika erlebt haben mag. Wenn es ihre erste Biographin für nötig befand, den Lesern nach Aphras Tod zu versichern, daß diese kein Verhältnis mit Oroonoko gehabt habe, so verdeutlicht diese Konzession an die damaligen Moralvorstellungen lediglich, wie unerhört der Gedanke an eine solch unschickliche Mesalliance gewesen sein muß, wirft jedoch kein neues Licht auf Aphras Leben: »[...] das läßt mich der Welt versichern, daß jener Prinz mit Astrea kein Verhältnis hatte; nichts gab es zwischen ihnen, was nicht die ganze Plantage gesehen hätte.«[8] Nach England zurückgekehrt, heiratete Aphra etwa 1664 einen holländischen Kaufmann namens Behn, dessen Identität bis heute jedoch ebenso ungeklärt ist wie die ihrer Eltern. Da ihr Mann offenbar schon bald nach der Eheschließung starb – vermutlich zählte er zu den Opfern der verheerenden Pest von 1665 –, blieb der mittellosen Witwe nichts anderes übrig, als entweder erneut zu heiraten, die Karriere einer Mätresse einzuschlagen oder aber nach neuen Wegen zu suchen, um selbst für ihren Lebensunterhalt aufzukommen. Für welche dieser Möglichkeiten sich Aphra entschied, ist relativ genau zu verfolgen, denn zur Freude ihrer Biographen gehört die zweite Hälfte des Jahres 1666 zu den gut dokumentierten Phasen in ihrem Leben.

Angesichts der skeptischen Darstellung von Liebesbeziehungen in ihren Dramen verwundert es nicht, daß Aphras Neigung, das Experiment einer weiteren Ehe einzugehen, ebenso gering gewesen zu sein scheint wie ihre Bereitschaft, sich als »ausgehaltene Frau« in die Abhängigkeit eines reichen Liebhabers zu begeben. Die junge Abenteurerin schlug statt dessen einen unkonventionellen, keineswegs ungefährlichen Weg ein: Im Auftrag der englischen Krone ging sie als Spionin nach Antwerpen. Dort sollte sie etwas über die Absichten der im Exil lebenden englischen Republikaner sowie über die Pläne der Holländer, die sich seit 1664 im zweiten Seekrieg gegen England befanden, in Erfahrung bringen. Obwohl Aphra ihre Mission unter dem politischen Decknamen »Astrea«, den sie später auch als Schriftstellerin beibehielt, mit Geschick und Erfolg erfüllte und die englische Regierung angeblich sogar vor dem kriegsentscheidenden Angriff der holländischen Flotte warnte, erhielt sie für ihre riskanten Bemühungen weder Anerkennung noch den ihr versprochenen Lohn. Nachdem mehrere Bittbriefe an den König, der nicht zuletzt aufgrund des aufwendigen Lebens am Hofe unter chronischer Finanzknappheit litt, unbeantwortet geblieben waren, und sie bereits ihren Schmuck versetzt hatte, reiste sie hoch verschuldet nach England. Nach ihrer Rückkehr wurde sie von einem Gläubiger namens Butler verklagt und landete kurz darauf im Schuldgefängnis.

Während es unklar ist, wer ihre Freilassung erwirkte, hatte Aphra Behn es allein ihren geistigen Fähigkeiten zu verdanken, daß sie als erste Berufsautorin Karriere machte. Mit der Aufführung ihres ersten Theaterstücks begann 1670 ihr Erfolg als Dramatikerin, der ihr bis in die 1680er Jahre ein ordentliches Einkommen sicherte.[9] Daß es sich auch dabei um einen beispiellosen Verstoß gegen das etablierte Weiblichkeitsideal handelte, steht außer Zweifel: Als Autorin verletzte Aphra Behn das wichtigste Gebot der damaligen Zeit, das von einer Frau Bescheidenheit und sittsame Zurückhaltung (*modesty*) verlangte.[10] Selbst wenn eine Frau mit literarischen Ambitionen die Hindernisse meisterte, die sich aus ihrer auf Handarbeit, Tanzen und Musizieren beschränkten Erziehung ergaben, blieb das Problem, daß sie mit der Veröffentlichung eines Werkes gegen herrschende Normen verstieß.

Trotz solcher diskriminierenden Vorschriften waren die Rahmenbedingungen für Frauen, die als Schauspielerinnen ihr Glück suchten, relativ günstig. Als die Londoner Theater, die während des englischen Bürgerkriegs von den Puritanern geschlossen worden waren, nach der Rückkehr des Königs im Jahre 1660 wieder ihre Pforten öffneten, wurde durch ein königliches Dekret verfügt, daß alle Frauenrollen, die bis zu dieser Zeit von Knaben dargestellt worden waren, von nun an durch Frauen zu besetzen seien. Den Schauspielerinnen, von denen Nell Gwyn als berühmteste Geliebte von Karl II. notorische Popularität erlangte, kam der

Umstand zugute, daß der ungewohnte Anblick weiblicher Darsteller auf der Bühne vom Theaterpublikum als Attraktion begrüßt wurde. Im Gegensatz dazu war es für Dramatikerinnen zunächst sehr viel schwieriger, im Theaterbetrieb Fuß zu fassen. Da es in London nur zwei Bühnen gab, herrschte unter den Autoren nach anfänglichem Mangel an guten Stücken ab Ende der 1660er Jahre ein zunehmend scharfer Konkurrenzdruck. Als erster und über zehn Jahre lang einziger Frau gelang es Aphra Behn, sich gegen ihre männlichen Mitstreiter zu behaupten. Wie sehr die Theater allerdings in den 1680er Jahren im Zuge der politischen Krisensituation in Schwierigkeiten gerieten, wird schon daran deutlich, daß 1682 eine der beiden Londoner Bühnen schließen mußte. Für Behn als überzeugte Royalistin kam erschwerend hinzu, daß sie die offene politische Parteinahme nicht scheute und sich 1682 mit einem Haftbefehl konfrontiert sah: Aphra hatte ihre Propaganda für den späteren König Jakob II. zu weit getrieben, als sie im Epilog zu dem Stück *Romulus and Hersilia* dessen Rivalen um die Thronfolge, Monmouth, verunglimpft hatte. Um sich einer Verhaftung zu entziehen, floh sie für kurze Zeit ins Exil nach Frankreich.

Nach ihrer Rückkehr veranlaßten sie die verschlechterten Arbeitsbedingungen der Dramatiker, dem Theater weitgehend den Rücken zu kehren. Aus ihrer kritischen Äußerung im Epilog zum zweiten Teil von *The Rover* (1681), die Dichter seien aufgrund des veränderten Publikumsgeschmacks genötigt, sich ein neues Gewerbe zu suchen, lassen sich unschwer Rückschlüsse auf ihre eigene problematische Situation ziehen. Da sie auch weiterhin vom Schreiben leben mußte, widmete sie in der Folgezeit anderen Gattungen, vor allem der Prosa, ihr Hauptaugenmerk. Neben ihren literarischen Talenten bewies Behn auch als Übersetzerin bemerkenswerte Kompetenzen, denn sie übertrug unter anderem Werke von La Rochefoucauld und Fontenelle ins Englische, ja sie äußerte sich sogar zu Fragen der Theorie und Praxis von Übersetzungen. War eine schreibende Frau, der ein loser Lebenswandel nachgesagt wurde und die sich als Verfasserin sexuell freizügiger Literatur einen zweifelhaften Namen gemacht hatte, schon eine eklatante Mißachtung des damaligen Weiblichkeitsideals, so durchbrach Aphra als Übersetzerin weitere Tabus, da Intellekt und klassische Bildung Männern vorbehalten waren.[11] Aphras Liebesbeziehung zu dem bisexuellen Lebemann John Hoyle, dessen ausschweifende Promiskuität berüchtigt war, wurde von der anständigen Gesellschaft ebenfalls nicht gerade als schicklich angesehen.

Obwohl Aphra Behns Arbeitseifer ungebrochen war und sie alles schrieb, wofür ein Markt vorhanden war, lebte sie in den 1680er Jahren am Rande des Existenzminimums. Zudem waren die letzten Jahre ihres wechselvollen Lebens von Krankheit und verschiedenen Schicksalsschlägen überschattet. Nachdem schon der frühe Tod ihres Freundes und Dichterkollegen John Wilmot, Graf von Rochester, sowie die Hinrichtung des ihr eng verbundenen Lord Stafford einschneidend gewesen waren, verlor die überzeugte Royalistin durch die Glorreiche Revolution kurz vor ihrem Tode neben ihrem politischen Lebensinhalt auch ihren Gönner Jakob II. Der beste Beweis für Aphras bis zuletzt aufrichtige Loyalität liegt darin, daß sie es trotz ihrer Armut ablehnte, ein Lobgedicht auf den neuen König Wilhelm III. zu schreiben. Die unerschrockene Feministin und Gesellschaftskritikerin zog es vor, ihren politischen Prinzipien treu zu bleiben.[12]

* * *

Nachdem Aphra Behn ebenso wie viele andere Autorinnen, deren Werke zu ihrer Zeit weit verbreitet waren, lange in Vergessenheit geraten war, trug Virginia Woolfs literaturkritisches Engagement wesentlich dazu bei, diese Schriftstellerinnen aus der Anonymität herauszulösen. In ihrem Essay *Ein Zimmer für sich allein* rief Woolf allen Frauen in Erinnerung, daß Aphra ihnen mit ihren literarischen Pionierleistungen Entfaltungsmöglichkeiten in einem Bereich eröffnet hatte, der ihnen bis dahin verschlossen gewesen war: »Alle Frauen zusammen sollten Blumen auf das Grab von Aphra Behn streuen, […] denn sie war es, die ihnen das Recht einbrachte, zu sagen, was sie denken.«[13] Mit dieser Hommage an die erste Berufsautorin würdigte Woolf die schriftstellerische Karriere Aphra Behns als den Anfang der englischen Frauenliteratur. Als richtungsweisendes Vorbild für zukünftige Generationen hatte Aphra bewiesen, daß Schreiben für Frauen keineswegs bloß eine unbedeutende Freizeitbeschäftigung war, sondern daß es ihnen möglich war, kraft ihres geistigen Potentials mit der Schriftstellerei selbständig ihren Lebensunterhalt zu bestreiten.

Obwohl Aphra Behn zu den produktivsten und vielseitigsten Autoren der Restaurationszeit gehört, blieb ihr die ihr gebührende Anerkennung bis vor kurzer Zeit versagt. Seitdem sich dies in den letzten Jahren durch den Aufschwung der feministischen Literaturwissenschaft grundlegend geändert hat, wird Behns herausragende Rolle im englischen Literaturbetrieb der 1670er und 1680er Jahre allmählich erkennbar.[14] Ihr bemerkenswert vielseitiges Œuvre umfaßt neben 17 Dramen, die von politischen Satiren über Tragikomödien und Intrigenkomödien bis zu heroischen Tragödien reichen, ein Dutzend Prosaerzählungen, zahlreiche Gedichtsammlungen und Übersetzungen. Mit ihren Werken trug sie maßgeblich dazu bei, Frauen eine Vielzahl von Gattungen zu erschließen und ihnen damit die Möglichkeit zu eröffnen, weiblichen Erfahrungen Ausdruck zu verleihen.[15] Obwohl Behn sich selbst als eine Autorin bezeichnete, »die gezwungen ist, für Brot zu schreiben, und sich nicht schämt, dies einzugestehen« (IV: 7), sie auch nicht umhin konnte, Konzessionen an die Erwartungen ihres Publikums zu machen, verstand sie es, opportunistische Parteinahme zu vermeiden und ihren feministischen Überzeugungen treu zu bleiben.

Mit einer für eine Frau ihres Zeitalters außergewöhnlichen Couragiertheit nutzte Behn ihr schriftstellerisches Können, um Doppelmoral und sexistische Ungerechtigkeiten aufzudecken. Wenn sie etwa mit Nachdruck gleiche Rechte für Autoren und Autorinnen forderte, so kommt hierin ihre Überzeugung zum Ausdruck, daß Frauen über die gleichen Fähigkeiten verfügen wie Männer. Die damals verbreitete Einschätzung, daß sprachliche Doppeldeutigkeiten und die Darstellung sexuell freizügiger Szenen in Werken von Frauen ›unnatürlich‹ und inakzeptabel seien, lehnte sie daher ebenso kategorisch ab wie Werturteile, die vom Geschlecht des Verfassers ausgehen. In einer ihrer wohl dezidiertesten feministischen Stellungnahmen forderte sie, Frauen und Männern das gleiche Maß an Anerkennung zuteil werden zu lassen:

»Alles, was ich verlange, ist das Vorrecht, daß mein männlicher Teil, der Dichter in mir, (wenn man mir einen solchen zuzugestehen bereit ist) auf jenen erfolgreichen Pfaden wandeln darf, auf denen meine Vorgänger so lange Erfolg hatten. [...] Wenn mir diese Freiheit aufgrund meines Geschlechts nicht zugebilligt wird und ihr alles an euch reißt, so lege ich meine Feder nieder, und ihr werdet nichts mehr von mir hören. [...] Ich bin nicht damit zufrieden, für die Einnahmen aus der dritten Aufführung zu schreiben. Ich schätze Ruhm ebenso sehr, als wenn ich als *Held* geboren wäre; und wenn ihr mich dessen beraubt, so kann ich mich aus der undankbaren Welt zurückziehen und ihre unbeständigen Gunsterweise verachten.« (III: 187)

Mit ihren selbstbewußt vorgetragenen Forderungen und ihrer Kompromißlosigkeit hebt sich Aphra Behn deutlich von anderen schreibenden Frauen ihrer Zeit ab. Die verheiratete Dichterin Katherine Philips (1631-1664), die »unvergleichliche Orinda«, zeigte sich beispielsweise über die Veröffentlichung ihrer Werke entsetzt, weil sie nicht gegen das Bescheidenheitsgebot verstoßen wollte. Im Gegensatz dazu bekannte sich Aphra von Beginn ihrer Karriere an entschlossen zu ihrer Autorinnenschaft. Da Behn im Gegensatz zu der reichen und exzentrischen Herzogin von Newcastle (1623-1673) auf die Einkünfte aus ihrer schriftstellerischen Tätigkeit angewiesen war, konnte sie sich den Luxus, männliche Verhaltenserwartungen zu erfüllen, schon aus finanziellen Gründen nicht leisten. Anstatt sich dem Weiblichkeitsideal der damaligen Zeit zu beugen, verstand es Aphra sogar, aus dem ihr nachgesagten unmoralischen Lebenswandel Kapital zu schlagen. Umgeben von einer Aura sinnlicher Schönheit und erotischer Freizügigkeit, machte sie sich die sexuelle Doppelmoral für ihre literarischen Zwecke zunutze.

Behns umfangreiches dramatisches Œuvre weist sie als eine vielseitige und professionelle Schriftstellerin aus, der es wie keinem anderen Autor der Restaurationszeit gelang, den jeweiligen Geschmack des Theaterpublikums zu treffen.[16] Mit ihren Stücken, die vom Publikum enthusiastisch aufgenommen wurden, avancierte sie zur meistgespielten Dramatikerin ihrer Zeit. Während ihre Tragikomödien der Vorliebe für pseudoheroische Themen Rechnung trugen, näherte sie sich mit der unterhaltsamen Farce *The Emperor of the Moon* (1687) sogar der Commedia dell' Arte an. Im Gegensatz zu späteren Generationen von Autorinnen war Aphra Behn keineswegs bereit, sich auf die Darstellung des privaten Bereichs und auf die Liebe und Ehe als thematische Schwerpunkte zu beschränken. So verarbeitete sie etwa in politischen Stücken wie *The Roundheads; or, The Good Old Cause* (1682), das die Machtkämpfe der Puritaner nach Cromwells Tod schildert, oder *The City Heiress; or Sir Timothy Treat-all* (1682), einer Satire auf den früheren Kanzler Shaftesbury, Themen aus der jüngeren englischen Geschichte. Ihre rasanten Intrigen- und Sexkomödien, von denen jüngst *The Rover* und *The Lucky Chance* mit großem Erfolg in London wiederaufgeführt wurden, weisen alle Merkmale einer unterhaltsamen Restaurationskomödie auf: Mit Fechtkämpfen, Bordellszenen, Verwechslungen und erotischen Eskapaden griff Behn auf beliebte Komödienelemente zurück. Bei ihren Figuren fehlen weder der adlige Libertin und die intelligente junge Heldin noch der Tölpel vom Land oder die libidinöse ältere Witwe. Aphra Behn begründete mit ihren Komödien, in denen die weitverbreitete Praxis der arrangierten Heiraten Zielscheibe unerbittlicher Kritik ist[17], eine ganze Tradition von Dramatikerinnen. Von diesen als *female wits*[18] bezeichneten Autorinnen wurden zumindest Mary Pix (1666-1709), Mary Delarivier Manley (1663-1724) und Catherine Trotter (1679-1749) zu ihrer Zeit so berühmt, daß ihnen die zweifelhafte Ehre zuteil wurde, in dem anonymen Stück *The Female Wits* (1696) verspottet zu werden.

Auch Aphra Behns lyrisches Werk umfaßt eine erstaunliche Bandbreite unterschiedlicher Themen und Formen. Das Spektrum reicht von pastoraler Dichtung über Balladen und feierliche Oden bis hin zu Liebesgedichten. Während viele ihrer Gelegenheitsgedichte, die sie etwa anläßlich des Todes von König Karl II. (1685) verfaßte, heute nur noch für den Literaturhistoriker von Interesse sind, wirkt die Liebeslyrik mit ihrem unverhohlenen Bekenntnis zur weiblichen Lust selbst in unserem, vermeintlich so freizügigen Zeitalter noch äußerst modern. Ebenso wie in den Dramen entlarvte Behn auch in ihren Gedichten die herrschende Doppelmoral, die von einer Frau Tugend, Sittsamkeit und Enthaltsamkeit verlangte, während dem Mann sexuelle Freiheiten zugebilligt wurden.[19] Wenn Aphra Behn in ihren Gedichten Männern und Frauen die gleiche Intensität emotionalen und geschlechtlichen Verlangens zuspricht, zeigt sich hierin ihre Idealvorstellung von ›freier Liebe‹, in der Frauen wie Männer nur ihren Gefühlen folgen. Der Gedanke, daß das natürliche Verhältnis der Geschlechter erst durch die gesellschaftlichen Konventionen der Zivilisation korrumpiert worden sei, findet in der Idealisierung des Naturzustandes in *Oroonoko* seinen Niederschlag. Ein weiteres Mal erweist sich Aphra Behn hier als Vorläuferin Rousseaus.

Darüber hinaus hatte Aphra Behn beträchtlichen Anteil am Aufschwung eines Genres, das in England vor allem mit dem Namen Samuel Richardson (1689- 1761), dem Verfasser von *Pamela* und *Clarissa*, verbunden ist. Die Rede ist vom Briefroman. Frauen waren schon deshalb dazu prädestiniert, dieser Gattung zu literarischer Geltung zu verhelfen, weil das Schreiben von Briefen und Tagebüchern dem Weiblichkeitsideal nicht zuwiderlief. Mit ihrem Fortsetzungsroman *Loveletters Between a Nobleman and His Sister* (1684-1687), in dem sie einen zeitgenössischen Skandal aufgriff und die Liebesthematik mit dem politischen Geschehen verknüpfte, verfaßte Behn den ersten umfangreichen Briefroman der englischen Literatur. Außerdem experimentierte sie in diesem Roman mit neuen Darstellungsmöglichkeiten, indem sie das Geschehen aus verschiedenen Perspektiven schilderte und mit Briefen, erzählenden Passagen sowie wörtlich wiedergegebenen Dialogen unterschiedliche Formen in einem Werk verwendete. Daher ist es sicherlich nicht übertrieben zu behaupten, daß die Entwicklung des Romans ohne sie wohl einen anderen Verlauf genommen hätte.[20] Daß die in Behns Roman dargestellte Liebe eines Mannes zur Schwester seiner Frau nach den damaligen Moralvorstellungen als Ehebruch und inzestuöse Geschwisterliebe doppelt zu verurteilen war, scheint den Reiz der erfolgreichen Skandalchronik noch erhöht zu haben.

Ebenso wie es Behn als Dramatikerin gelang, ihre Stücke auf den Geschmack des damaligen Publikums zuzuschneiden, ohne auf eine feministische Kritik an den herrschenden Normen zu verzichten, verstand sie es auch in ihren Erzählungen, ihre persönlichen Vorlieben mit der Erwartungshaltung der Leser in Einklang zu bringen. Die große Popularität ihrer dreizehn Romane ist vor allem darauf zurückzuführen, daß in diesen romantischen Geschichten edler Figuren die Konventionen der Prosaromanze mit dokumentarischem Realismus verknüpft werden. Während Behn mit der Betonung des Wahrheitsanspruchs der damaligen Skepsis gegenüber bloß Erfundenem und dem Verlangen nach nützlichen Informationen Rechnung trug, baute sie in den abenteuerlichen Erzählungen auf das Unterhaltungsbedürfnis damaliger Leser. Dieses Erfolgsrezept verwandte Behn auch bei jenem Roman, der die Geschichte des königlichen Sklaven Oroonoko schildert.

* * *

Aphra Behns bis heute bekanntestes Werk, *Oroonoko*, gilt zu Recht als ein Meilenstein in der Geschichte des Romans, da zum ersten Mal in der englischen Erzählprosa der Akzent auf einer straffen Handlungsführung liegt. Obwohl vor allem das melodramatische Geschehen und die idealisierte Charakterdarstellung erkennen lassen, daß *Oroonoko* in der Tradition der französischen Prosaromanze steht, kann der Roman aus guten Gründen als Vorstufe für die realistische Erzählweise des 18. Jahrhunderts gelten.[21] Mit dem Rückgriff auf eine Erzählerin, die das Geschehen vermittelt und sich auch mit persönlichen Kommentaren zu Wort meldet, mit seinen detaillierten Informationen bei der Beschreibung des exotischen Schauplatzes und mit der Namengebung durchbricht der Roman die erstarrten Konventionen der Prosaromanze und nimmt typische Kennzeichen realistischer Erzählkunst vorweg.

Die für den Roman charakteristische Verbindung unterschiedlicher Gattungskonventionen zeigt sich bereits bei der ausführlichen Beschreibung der Lebensgewohnheiten der Figuren und des Handlungsortes, die auf die realistische Raum- und Milieudarstellung vorausweist[22], ohne völlig auf idealisierende Züge zu verzichten. Während es außer Frage steht, daß die detailreiche Schilderung topographischer Gegebenheiten, des Lebens in der Kolonie und vor allem des harten Sklavendaseins durchaus den tatsächlichen Verhältnissen entsprach[23], ist das idealtypische Bild jener glücklichen Gemeinschaft von Eingeborenen, die in

Surinam im Einklang mit der Natur leben, der klassischen Idee vom Goldenen Zeitalter verpflichtet. Indem Behn die Handlung in Surinam ansiedelte, machte sie sich zudem die zeitgenössische Vorliebe für exotische Schauplätze zunutze. Meist waren sie aus Reiseberichten bekannt, und man verband paradiesische Vorstellungen mit ihnen.[24] Auch die Namengebung in *Oroonoko* stellt eine Vorwegnahme von Merkmalen des realistischen Romans dar.[25] Vor allem die Verwendung von alltäglichen englischen Namen trägt wesentlich dazu bei, der erzählten Geschichte Glaubwürdigkeit zu verleihen. Während einige der Kolonisten nach historisch belegten Personen benannt sind, gab Behn den übrigen Figuren frei erfundene Phantasienamen, die aus den zeitgenössischen Liebesromanzen oder heroischen Tragödien stammen könnten. Der nach dem Strom Orinoko benannte Titelheld wird insofern bereits durch seinen Namen mit der Vorstellung vom Edlen Wilden in Verbindung gebracht, als Sir Walter Raleigh 1596 an der Mündung des Orinoko, den Defoe später zum Schauplatz seines Erfolgsromanes *Robinson Crusoe* (1719) machte, ein Eingeborenenvolk entdeckt hatte.

Darüber hinaus trägt die Erzählerin durch ihre Sachlichkeit wesentlich dazu bei, den romanzenhaften Handlungsverlauf, dessen melodramatische Höhepunkte auf die Abkunft von der romantisch-unwirklichen *romance* und *nouvelle* französischer Provenienz verweisen[26], plausibel erscheinen zu lassen. Es gehört ohne Zweifel zu den bedeutendsten Neuerungen in der englischen Erzählliteratur, daß die tragische Liebesgeschichte von Oroonoko und Imoinda von einer Erzählerin vermittelt wird. Nicht im Zentrum, sondern an der Peripherie des Geschehens stehend, zählt sie zu den Bewunderern der Hauptfigur. Wenn sie vorgibt, als Augenzeugin die wichtigsten Ereignisse selbst miterlebt zu haben, so dient dies dem Zweck, ihren Wahrheitsbeteuerungen Glaubwürdigkeit zu verleihen. Während es für die Entwicklung einer weiblichen literarischen Tradition bedeutsam ist, daß eine Ich-Erzählerin die Autorinnenschaft reklamiert, verdienen die vielfältigen Aufgaben der Erzählerin schon deshalb Beachtung, weil sie von einer ausgefeilten Erzählkunst zeugen.[27] Die Erzählerin beschreibt nicht nur den Handlungsraum, charakterisiert die Figuren und berichtet über den Handlungsverlauf; sie kommentiert auch das Geschehen und fungiert als Vermittlerin zwischen den Figuren und dem Leser. Durch ihre Erklärungen und Vergleiche zwischen Surinam und England versucht sie, ihrem Publikum eine fremde Welt nahezubringen. Im Gegensatz zur Mehrzahl der englischen Kolonisten ist sie bemüht, sich in Oroonoko einzufühlen und das Verständnis des Lesers für dessen außerordentliche Fähigkeiten und Tugenden zu wekken. Indem die Erzählerin durch wiederholte persönliche Anreden ein vertrauensvolles Gesprächsverhältnis herstellt, vermittelt sie dem Leser ihre eigenen Maßstäbe und Urteile.

Die Übernahme der ›Maske‹ einer Erzählerin eröffnete Behn die Möglichkeit, die Werte und Normen der zivilisierten Gesellschaft zu vertreten und sie gleichzeitig auf subtile Weise zu kritisieren. Einerseits gerät die Erzählerin im Handlungsverlauf zunehmend in eine widersprüchliche Position, da sie mit dem Titelhelden befreundet ist, als Weiße aber zu den Kolonisten zählt.[28] Diese Ambivalenz zeigt sich besonders daran, daß sie Oroonokos charakterliche Größe zwar in schillernden Farben preist, ihm jedoch in den entscheidenden Situationen ebensowenig traut wie die anderen Weißen. Wenn sie etwa dem Leser ihre Flucht anläßlich des Sklavenaufstands damit zu erklären versucht, daß sie und die übrigen Frauen befürchteten, Oroonoko werde ihnen in der Nacht die Kehle durchschneiden, so zeugt diese unfreiwillig selbstentlarvende Äußerung von tiefsitzenden Vorurteilen gegenüber ›Wilden‹. Andererseits beweist ihre scharfe Kritik an den skrupellosen Kolonialverwaltern, die sie als »diese erlesenen Beherrscher der Nation« (S. 156) ironisiert, daß ihr Abscheu vor den Grausamkeiten der englischen Siedler aufrichtiger Überzeugung entspringt. Wenn die Erzählerin sich von der unmenschlichen Grausamkeit der Kolonialherren distanziert und die Auswüchse des Kolonialismus anprangert, so verweist ihre Kritik auf das Anliegen, sich mit Oroonoko und dem Leser zu solidarisieren, um andere Sichtweisen zu befördern.

Obwohl *Oroonoko* oft als eines der frühesten literarischen Dokumente gegen die Sklaverei angeführt wird, läßt sich diese Lesart nur bedingt mit der Art und Weise in Einklang bringen, wie der Sklavenhandel in dem Werk dargestellt wird. Aphra Behn tritt in dem Roman zwar als entschiedene Verfechterin des menschlichen Grundrechts auf Freiheit auf, schränkt diese

Forderung jedoch indirekt wieder ein: Die Herrschaftsverhältnisse scheinen durch ›natürliche‹ Unterschiede zwischen den Menschen legitimiert zu sein.[29] Trotz dieser Einschränkung ist unübersehbar, daß die Sklaverei und die christliche Zivilisation des Abendlandes Zielscheiben teilweise äußerst scharfer Gesellschaftskritik sind. In den Kommentaren der Erzählerin werden die Schattenseiten des Kolonialismus, mit denen Behn durch ihren Aufenthalt in Surinam bestens vertraut war, offengelegt. Die Skrupellosigkeit der Plantagenbesitzer wird keineswegs verharmlost. Außerdem gelang es Behn, den romanzenhaften Kontrast zwischen Held und Bösewicht in einer realistischen Konfliktsituation anzusiedeln. Der moralische Gegensatz zwischen den habsüchtigen Weißen und den guten Wilden steht im Zentrum des Konflikts und ist mit dem Problem der Sklaverei in den englischen Kolonien verknüpft.

Aphra Behn bei all ihrer Kritik an den gesellschaftlichen Mißständen ihrer Zeit als radikale Gegnerin der Zivilisation hinzustellen, wäre allerdings ebenso verfehlt wie der abwegige Versuch, sie als frühe Abolitionistin zu reklamieren. Wenn die Erzählerin darauf hinweist, daß selbst Oroonoko mit Sklavenhändlern Geschäfte gemacht hat, zeichnet sich bereits ein erster Bruch ab, der Skepsis gegenüber der vermeintlich abolitionistischen Zielsetzung aufkommen läßt. Diese Zweifel werden durch Oroonokos Absicht, seiner Imoinda Sklaven zu schenken, weiter bestärkt. Die Darstellung der Sklaverei gewinnt im weiteren Handlungsverlauf vor allem dadurch an Ambivalenz, daß Aphra Behn immer wieder die Unterschiede zwischen dem edlen Heldenpaar und der Masse der primitiven ›Barbaren‹ hervorhebt. Schon bei Oroonokos Ankunft auf der Plantage werfen sich ihm selbst diejenigen unterwürfig zu Füßen, die von ihm in die Sklaverei verkauft worden waren. Während die ›gemeinen Sklaven‹ unter schlechten Lebensbedingungen hart arbeiten müssen, darf Oroonoko allen Freizeitbeschäftigungen nachgehen, die üblicherweise den Kolonialherren vorbehalten waren. Wenn Oroonoko später die Übel der Sklaverei anprangert, ist dies schon deswegen wenig glaubwürdig, weil er als ehemaliger König auch während seiner Gefangenschaft von den Lasten des Sklavendaseins verschont bleibt. Die unüberbrückbaren Gegensätze zwischen dem edlen Protagonisten und den anderen Sklaven werden vollends offenbar, als jene nach dem Scheitern des Aufstandes von Oroonoko abfallen, und dieser sich seines Versuchs schämt, »solche zu befreien, die von Natur aus Sklaven seien, armselige, jämmerliche Wichte« (S. 151). In dieser Äußerung wird deutlich, daß auch Aphra Behn die Vorurteile ihres Zeitalters nicht völlig hat überwinden können.[30] Den Sklavenaufstand und Oroonokos Empörung über die Sklaverei als programmatischen Aufruf zur Negerbefreiung deuten zu wollen, hieße verkennen, daß lediglich die Versklavung eines edlen Menschen von aristokratischer Abstammung, nicht aber die Institution der Sklaverei an sich kritisiert wird. Dennoch gebührt Aphra Behn das Verdienst, in einer Zeit, in der selbst die menschenfreundlichsten Politiker oder Philosophen noch nicht an die Abschaffung des Sklavenhandels dachten, die Übel der Sklaverei angeprangert zu haben.

Trotz ihres leidenschaftlichen Eintretens für die Menschenrechte bleiben daher einige Widersprüche unübersehbar.[31] Einerseits kritisierte Behn mit einer für eine Frau ihres Jahrhunderts erstaunlichen Entschiedenheit die heuchlerische Doppelmoral der Europäer im Umgang mit den Bewohnern der Neuen Welt. Auch erkannte sie bereits die destruktiven Auswirkungen, die die Konfrontation unterschiedlicher Kulturkreise für beide Seiten haben kann. Andererseits blieb sie im Hinblick auf ihre Überzeugungen von einer hierarchisch gegliederten Gesellschaft und von der ›natürlichen‹ Ungleichheit zwischen den Menschen weitgehend den sozialen und anthropologischen Vorstellungen ihrer Zeit verhaftet. Diese Widersprüchlichkeit ihres Menschenbildes verweist auf die weitreichende Wirksamkeit von kulturell geprägten Stereotypen, denen sich selbst ein so kritischer Geist wie Aphra Behn nicht entziehen konnte. Die Vorstellungen von der ›Sklavennatur‹ primitiver Völker und von der Überlegenheit der Weißen waren zu tief in der damaligen Denkweise verwurzelt, um vorbehaltlos verschwinden zu können. Allerdings ist die Darstellung des Titelhelden, der afrikanischen Sklaven und der Eingeborenen in Surinam nicht nur ein Reflex konventioneller Vorstellungen von Negern und Wilden, sondern hat auch maßgeblich dazu beigetragen, daß sie sich in der Folgezeit weiter zu Klischees verfestigten.

* * *

Aphra Behns *Oroonoko* verdankt seine große Popularität und literaturgeschichtliche Bedeutung nicht zuletzt der Tatsache, daß die Gestalt des »Edlen Wilden« in diesem Roman ihre erste literarische Ausprägung erfuhr. Damit leitete Behn eine langwährende Tradition in der fiktiven Reiseliteratur ein, die sich vor allem im 18. Jahrhundert in England, Deutschland und Frankreich enormer Beliebtheit erfreute. Wenn Literaturwissenschaftler von der »Oroonoko-Legende« sprechen, um jenes Bündel von Einstellungen zu bezeichnen, das mit der Idealisierung des ehrenhaften Negerkönigs verbunden ist[32], so verdeutlicht dies, in welchem Maße Oroonoko zum Inbegriff des Edlen Wilden wurde. Die wesentlichen Kennzeichen, die für das Bild des »Guten Wilden« in der Folgezeit bestimmend sein sollten, sind schon in *Oroonoko* enthalten. Wenn Behn die Unverdorbenheit des Naturzustandes mit der Korruptheit des europäischen Kolonialismus kontrastiert, akzentuiert sie bereits jenen zivilisationskritischen Impuls, der sich in der Geschichte des Guten Wilden immer wieder findet. Diese Kritik an der Verabsolutierung westlicher Kultur und an der Beschränktheit einer eurozentrischen Sichtweise hat bis heute nichts an Aktualität verloren.

Obwohl sich bereits in der Antike Ansätze zu einer Idealisierung barbarischer Völker finden, beginnt die Ausgestaltung des Bildes vom Guten Wilden erst mit den überseeischen Entdeckungen im 15. und 16. Jahrhundert.[33] In vielen Reiseberichten wurden die Bewohner der Neuen Welt als eine glückliche Gemeinschaft unverdorbener, tugendhafter und friedfertiger Menschen geschildert. Montaigne lieferte in seiner Schrift *Des Cannibales* (ca. 1580) nicht nur die philosophische Grundlegung der Legende vom Edlen Wilden, sondern verlieh ihr auch bereits jene konventionelle Gestalt, die sie in den folgenden zwei Jahrhunderten beibehalten sollte. Zu den Attributen des Edlen Wilden gehören neben seinem ausgeprägten Ehrgefühl und seinen kriegerischen Tugenden vor allem Naturverbundenheit, Sorglosigkeit, Standhaftigkeit und Tapferkeit. Die gesellschaftliche Institution des Privateigentums und zivilisatorische Errungenschaften wie Gelehrsamkeit sind ihm hingegen ebenso unbekannt wie Mißgunst, Verstellung und Lüge. Während seine Bedürfnislosigkeit, Unabhängigkeit und Freiheit im Überfluß an Nahrung gründen, ist das soziale Leben geprägt von Geselligkeit und kollektiven Besitz- und Arbeitsformen. Diese Vorstellung des »Edlen Wilden« läßt bereits erkennen, daß dieser Topos das Gegenbild des zivilisierten Europäers verkörpert.

Die anhaltende Popularität der Legende vom Edlen Wilden, als deren eigentlicher Schöpfer Kolumbus gilt[34], wurde in Europa durch das Interesse an exotischen Ländern und durch das gleichzeitige Wiederaufleben ähnlicher Mythen – vor allem der antiken Sage vom Goldenen Zeitalter – begünstigt. Die Entstehungsgeschichte des Bildes vom Guten Wilden erschließt sich daher erst vor dem Hintergrund der Idealisierung des ursprünglichen Glückszustands der Menschheit in Europa. Entscheidend ist die Einsicht, daß die Vorstellung vom Edlen Wilden weniger reale Verhältnisse als vielmehr Wunschvorstellungen einer zivilisierten Gesellschaft bezeichnet, die in diesem Bild ihre verlorenen Tugenden idealisiert. Da es sich bei der

Gestalt des Edlen Wilden um ein Stereotyp handelt, mit dessen Hilfe fremde Kulturen von Europäern in Begriffen beschrieben werden, die ihrer zivilisierten Welt entstammen, verrät das Bild wesentlich mehr über die Erfahrungen und Werte der europäischen Menschen als über die exotischen Gesellschaften, auf die sie sich vermeintlich beziehen. Daher erscheint es durchaus berechtigt, sowohl das Bild vom Guten Wilden als auch sein negatives Gegenstück, die Dämonisierung der Bewohner der Neuen Welt zu halbtierischen Lebewesen, als eine Geschichte von Projektionen zu verstehen.[35]

Als im Laufe des 18. Jahrhunderts die Mythen von exotischen Ländern im Zuge der fortschreitenden Erschließung der Neuen Welt realistischeren Einschätzungen wichen, gewannen Ethnographen und Philosophen zunehmend Einsicht in die Relativität der eigenen Lebensformen und Werte. So vollzog sich allmählich jener grundsätzliche Perspektivenwechsel bei der Betrachtung außereuropäischer Gesellschaften, der als »Übergang vom Exotismus zum Humanismus«[36] bezeichnet worden ist. Damit war zwar eine wichtige Voraussetzung dafür geschaffen, die Idealisierungs- und Dämonisierungstendenzen bei der Beschreibung der Wilden zu überwinden, doch war weder die tiefsitzende Überzeugung von der Unterlegenheit der Naturvölker beseitigt noch hatte man ernsthaft begonnen, die Perspektive der fremden Völker mit einzubeziehen. Daß sich daran auch in der französischen Aufklärung wenig änderte, wird etwa am Beispiel von Voltaire deutlich, der den Wilden für die Zwecke seiner Religions- und Gesellschaftskritik vereinnahmte. Obwohl Voltaires *Essai sur les moeurs et l'esprit des nations* (1756) die Grenzen einer eurozentrisch orientierten Universalgeschichte aufzeigte, blieb er letztlich der Idee des Fortschritts verhaftet, als deren Statthalter sich die europäische Gesellschaft verstand. Erst Rousseaus Entwurf des unabhängigen, freien und unverdorbenen Naturmenschen trug nachhaltig dazu bei, die Schattenseiten der europäischen Zivilisation zu enthüllen und die Widersprüche des anthropologischen Diskurses der Aufklärung zu überwinden. In seinem *Discours sur l'origine et les fondements de l'inégalité parmi les hommes* (1754), in dem sich viele aus den Reiseberichten bekannte Merkmale des Edlen Wilden wiederfinden, begründete Rousseau seine Auffassung von der Überlegenheit des Naturzustandes und überwand mit seiner neuen Methode die etablierten Stereotypen.

Da die Popularität des Bildes vom Edlen Wilden wesentlich dadurch begünstigt wurde, daß die Verherrlichung paradiesischer Zustände auf Europäer eine beispiellose Faszination ausübte, machte sich auch Aphra Behn die Vorlieben des zeitgenössischen Lesepublikums bei ihrer Schilderung der naiven Eingeborenen Surinams und der Charakterisierung des Titelhelden zunutze. Schon bei der Beschreibung der naturgemäßen Lebensweise der Surinamesen zu Anfang des Romans bedient sich die Erzählerin zahlreicher Topoi aus den beliebten Reiseberichten. Wenn sich die Erzählerin an den »Urzustand der Unschuld, ehe der Mensch um die Sünde wußte« (S. 56 f.), erinnert fühlt, ist der antizivilisatorische Zurück-zur-Natur-Appell ebenso unüberhörbar wie bei der Feststellung, »daß die unverdorbene Natur die wohlmeinendste, unschädlichste und vortrefflichste Gebieterin ist« (ebd.). In ihrer friedfertigen Bedürfnislosigkeit und Arglosigkeit entsprechen diese idealisierten Naturmenschen nicht nur weitgehend den europäischen Klischeevorstellungen vom Edlen Wilden, sondern sie verkörpern darüber hinaus auch Gegenbilder zu den zivilisierten und heuchlerischen Europäern, deren Machtstreben durch Habsucht beflügelt wird.

Während die Beschreibung der Bewohner Surinams weitreichende Übereinstimmungen mit der konventionellen Darstellung des Naturzustandes aufweist, geht die Charakterisierung des Titelhelden über das Bild vom Edlen Wilden hinaus. Obwohl der tugendhafte, tapfere und ehrenhafte Oroonoko viele Merkmale des Guten Wilden aufweist, entspricht er dem Bild schon deshalb nicht ganz, weil er zwar edel, sicherlich aber nicht wild ist. Als Enkel eines afrikanischen Königs kommt der junge Prinz, der sich schon durch seine überragende Schönheit von allen anderen Negern abhebt (und bezeichnenderweise keinerlei negroide Züge aufweist!), in den Genuß einer vorzüglichen Erziehung, die ganz dem Idealbild höfisch-humanistischer Bildung entspricht. Daher verkörpert Oroonoko gleichsam eine ideale Synthese aus dem unverdorbenen Naturkind und dem gebildeten Mitteleuropäer. Er hat sich alle Errungenschaften der Zivilisation zu eigen gemacht, ohne dabei die ursprünglichen Tugenden des von Natur aus guten Menschen zu verlieren. Diese vor dem Hintergrund damaliger Vorstellungen von der Minderwertigkeit außereuropäischer Völker ebenso originelle wie radikale Charakterisierung des Protagonisten verdeutlicht, daß Aphra Behn es keinesfalls bei einer bloßen Exotisierung der Wilden bewenden ließ. Vielmehr entwarf sie mit dem Titelhelden, der den Figuren des heroischen Dramas und dem Bild des Guten Wilden gleichermaßen entlehnt ist, einen neuartigen Figurentyp, der die europäischen Geschmacksmaßstäbe mehr als hundert Jahre lang nachhaltig beeinflussen sollte.

Aphra Behn gebührt somit nicht nur das Verdienst, das Bild des Edlen Wilden wesentlich mitgeprägt zu haben. Durch ihre Kontrastierung eines guten farbigen Helden mit den an Grausamkeit und Heuchelei kaum zu überbietenden Sklavenbesitzern hat sie auch ihrer – die Moderne vorwegnehmenden – Überzeugung Ausdruck verliehen, daß die Verteilung von Tugenden und Lastern unabhängig von der Religion, Hautfarbe und Rasse des Individuums ist. Die Aktualität des Romans basiert somit auch darauf, daß durch den Zusammenprall unterschiedlicher Kulturen die Relativität gesellschaftlicher Werte und Normen gezeigt wird.[37] Der Gegensatz zwischen der Unschuld und dem natürlichen Ehrgefühl der Eingeborenen bzw. des Titelhelden und der pervertierten Moral und zivilisierten Doppelzüngigkeit der Europäer deckt die Begrenztheit einer europäischen Sichtweise auf und schärft den Blick für die Pluralität der Kulturen. Sowenig die Darstellung der Figuren der damaligen Wirklichkeit und unseren heutigen Vorstellungen entsprechen mag, so modern mutet die Einsicht in die Vorurteilshaftigkeit der eigenen Sichtweise an. Daher kann der Roman auch heutige Leser noch dazu anregen, ihre Werturteile kritisch zu überprüfen.

* * *

Während Aphra Behns Dramen zwar vom zeitgenössischen Publikum begeistert aufgenommen wurden, jedoch in der Folgezeit zunehmend in Vergessenheit gerieten, wurde *Oroonoko* nicht nur sehr rasch populär, sondern erfreute sich auch langanhaltender Beliebtheit. Dies wird schon daraus ersichtlich, daß Behns gesammelte Erzählungen in den zehn Jahren nach ihrem Tode nicht weniger als viermal und bis 1735 sogar achtmal neu aufgelegt wurden. Darüber hinaus wurde der Roman, der schon 1709 erstmals ins Deutsche übertragen wurde, mehrfach in Zeitschriften und Anthologien wiederabgedruckt. Die ungebrochene Popularität des Romans hing vor allem mit dem Erfolg einer Bühnenfassung, dem großen Interesse einer wachsenden Zahl von Abolitionisten im 18. Jahrhundert und der Faszination zusammen, die vom Bild des Edlen Wilden ausging.

Durch Thomas Southernes Adaption von *Oroonoko* für das Theater wurde die Legende des königlichen Sklaven schon bald nach dem Erscheinen von Behns Roman weiter verbreitet. In seiner Widmung brachte Southerne zum Ausdruck, wie tief er in der Schuld von Aphra Behn stehe, und berichtete, daß Behn die Geschichte von Oroonoko offenbar auch mündlich häufig zu erzählen pflegte.[38] Da Southernes Tragikomödie nach der Uraufführung im Londoner Drury Lane Theater im Januar 1696 zu einem regelrechten Kassenschlager wurde, der im 18. Jahrhundert in verschiedenen Bearbeitungen immer neue Aufführungen erlebte, ist die Wirkungsgeschichte des Romans eng mit seiner Bühnenfassung verbunden.

Starke Anziehungskraft übte *Oroonoko* auch auf die Gegner des Sklavenhandels aus. Sie verstanden Behns Roman, dessen humanitäre Tendenz ihn als einen Vorläufer von Harriet Beecher Stowes Bestseller *Uncle Tom's Cabin* (1851/52) ausweist[39], als einen Aufruf zur Bekämpfung der Sklaverei. Auch wenn eine solche Lesart mit dem Text nicht in Einklang zu bringen ist, erscheint es verständlich, daß viele Abolitionisten im 18. Jahrhundert an der Idealisierung eines afrikanischen Prinzen Gefallen fanden und den Roman für ihre Sache zu reklamieren versuchten. Zudem war Behns *Oroonoko* das erste Werk in England, in dem ein farbiger Held, der obendrein dem Ideal des von Natur aus guten Menschen zu entsprechen schien, im Zentrum des Geschehens stand. Ebenso, wie sich Defoe bei der Darstellung von Robinsons Gefährten Freitag am Bild des Edlen Wilden orientierte[40], bediente sich auch Samuel Johnson in seinem Roman *Rasselas, Prince of Abyssinia* (1759) des von Behn begründeten Erfolgsrezepts und schilderte das Schicksal eines heroischen ›Wilden‹.[41]

Als im Zeitalter der Empfindsamkeit die Anteilnahme am Schicksal der Mitmenschen zu einer regelrechten Modeerscheinung wurde, erreichte die Beliebtheit von Behns Roman, die zugleich die des Edlen

Wilden war, ihren Höhepunkt. Die enorme Wirkung, die *Oroonoko* im Frankreich des 18. Jahrhunderts entfaltete, wurde auch dadurch begünstigt, daß Rousseaus zweiter Diskurs dem Guten Wilden, der von der Schlechtigkeit der zivilisierten Menschheit noch nicht angekränkelt war, zu philosophischer Bedeutung verhalf. Nachdem der Roman 1745 erstmals übersetzt worden war, erschien er bis zum Ende des Jahrhunderts in nicht weniger als sieben Ausgaben und wurde zu einem der beliebtesten Bücher in Frankreich.[42]

Als die Gestalt des Guten Wilden in der zweiten Hälfte des 18. Jahrhunderts zu einer der beliebtesten literarischen Figuren avancierte, konnten sich Autoren, die edle Farbige mit intensiven Gefühlen in den Mittelpunkt ihrer Werke stellten, ihres Erfolges sicher sein: So zählte etwa Richard Cumberlands Tragödie *The West Indian* (1771), mit der das melodramatische bürgerliche Trauerspiel in England seinen Höhepunkt erlebte, zu den meistgespielten Stücken. In Frankreich galt gleiches für Sébastien Roch Chamforts *La Jeune Indienne* (1764). Auch die zahlreichen Bearbeitungen einer Eingeborenen-Liebesgeschichte, die zuerst in Addisons moralischer Wochenschrift *The Spectator* abgedruckt wurde und aus Richard Ligons *A True and Exact History of the Island of Barbados* (1657) übernommen war, bezeugen die Faszination, die die Thematik des Edlen Wilden auf das Publikum im 18. Jahrhundert ausübte. Während die unter dem Titel *Inkle et Iariko* 1778 anonym erschienene Geschichte einer jungen Indianerin, die ihr eigenes Leben zu opfern bereit ist, um einen von ihren Stammesgenossen verfolgten

Siedler zu retten, in Frankreich zu den populärsten Romanen zählte, wurde sie in Deutschland durch Christian F. Gellerts Erzählung (1746) und Salomon Gessners *Inkel und Yariko. Zweyter Teil* (1756) bekannt. Die ähnliche Legende von der indianischen Häuptlingstochter Pocahontas, die John Smith, einen der Gründungsväter von Virginia, vor dem Tod rettete, gehört in Amerika bis heute zu den beliebtesten nationalen Mythen. Schließlich ist der große Erfolg von George Colmans farcenhafter Oper *Inkle and Yarico* (1787), der dazu beitrug, der Oper in England den Weg in die Moderne zu ebnen, ein weiterer Gradmesser für die außerordentliche Popularität, deren sich die Verklärung von Indianern, Negern und Südseeinsulanern im 18. Jahrhundert erfreute.[43]

Seinen Erfolg verdankte *Oroonoko* darüber hinaus der Tatsache, daß Aphra Behns Eintreten für die naturgegebenen Menschenrechte auch der Frauenbewegung wichtige Impulse gab. Behns Roman steht somit am Anfang einer Allianz von historischer Tragweite: der Verbindung von Abolitionismus und Feminismus. Im deutschen Vormärz versuchte Luise Mühlbach in ihrem dreibändigen Roman *Aphra Behn* (1849) das feministische Engagement von Aphra Behn für die eigenen Emanzipationsbestrebungen nutzbar zu machen.[44] In seiner Mischung aus Fakten und Fiktionen, einer nicht zu übersehenden Parallele zu Behns Werken, eröffnet Mühlbachs historischer Roman Perspektiven, die an Behns Zivilisations- und Gesellschaftskritik anknüpfen. Ihre Forderungen nach Emanzipation und Gleichheit reichen freilich über Aphra Behn hinaus.

Vor dem Hintergrund der Wirkungsgeschichte des Romans wird erkennbar, mit welcher Deutlichkeit Aphra Behn schon zu Ende des 17. Jahrhunderts eine unverhohlene Skepsis gegenüber der europäischen Zivilisation hegte. Aus *Oroonoko* spricht ein Bewußtsein der tiefen Kluft zwischen der eigenen Gesellschaftsform und der anderer Völker. Obwohl sie diese Einsichten nicht konsequent weiterverfolgte, hat Behn ohne Zweifel dazu beigetragen, einem besseren Verständnis fremder Kulturen und einer toleranteren Haltung gegenüber anderen Mentalitäten den Weg zu bahnen. Der Roman liefert ein abschreckendes Beispiel dafür, wie wechselseitiges Mißtrauen, Vorurteile und Unverständnis zwischen Völkern zu einer unaufhaltsamen Eskalation von Grausamkeit und Zerstörung führen können, und verweist so indirekt auf die Bedeutung der humanistischen Idee der Menschlichkeit, die bis heute nicht an Aktualität verloren hat. In den Worten Wilhelm von Humboldts:

»Wenn es eine Idee giebt, die durch die ganze Geschichte hindurch in immer mehr erweiterter Geltung sichtbar ist, [...] so ist es die der Menschlichkeit, das Bestreben, die Gränzen, welche Vorurtheile und einseitige Ansichten aller Art feindselig zwischen die Menschen stellen, aufzuheben, und die gesamte Menschheit, ohne Rücksicht auf Religion, Nation und Farbe, als einen grossen, nahe verbrüderten Stamm zu behandeln.«[45]

Der Bedeutung dieser Idee schon zu Ende des 17. Jahrhunderts literarisch Ausdruck verliehen zu haben und 100 Jahre vor der Französischen Revolution für grundlegende Menschenrechte eingetreten zu sein, gehört zu

Aphra Behns wichtigsten gesellschaftspolitischen Leistungen. Dies und ihr großes Verdienst, nämlich die in den folgenden Jahrhunderten so fruchtbare Tradition der englischen Frauenliteratur begründet zu haben, sollten ihr einen bleibenden Platz in der europäischen Geistes- und Literaturgeschichte sichern.

* * *

Anders als in England und Amerika ist Aphra Behns Œuvre in seiner Breite, Vielfalt und seinem literarischen Rang in Deutschland erst noch zu entdecken. Während der überwiegende Teil ihrer Dramen, ihres lyrischen Werks und ihrer umfangreichen Erzählprosa noch immer unübersetzt ist[46], wird mit dieser Neuauflage von *Oroonoko* zumindest ein kleiner Teil ihres Werkes wieder in deutscher Sprache zugänglich. Es bleibt zu hoffen, daß weitere Übersetzungen folgen werden, damit die Rezeption dieser bemerkenswerten Autorin hierzulande bald beginnen kann.

Der Text wird in der Übersetzung von Christine Hoeppener wiedergegeben, deren Stil dem deutschen Leser eine recht gute Vorstellung von Behns Sprache vermittelt, ohne gewollt altertümlich zu sein. Die Anmerkungen für die vorliegende Ausgabe stammen von den Herausgebern. Sie dienen dem Zweck, Bezüge zu historischen Personen und Ereignissen zu klären sowie einige literarische Verfahren zu erläutern.[47]

Anmerkungen

1 Edmund Gosse, Aphra Behn, in: Dictionary of National Biography, Bd. 2, S. 130.

2 Vgl. Vita Sackville-West, Aphra Behn: The Incomparable Astrea. New York 1927; George Woodcock, The Incomparable Aphra, London 1948.

3 »Hier liegt der Beweis, daß Esprit niemals ein ausreichender Schutz gegen Sterblichkeit sein kann.«

4 Daß viele der um Aphra entstandenen Legenden mit den Fakten wenig zu tun haben, wird in neueren Biographien mit Nachdruck betont. Vgl. Maureen Duffy, The Passionate Shepherdess. Aphra Behn 1640-89, London 1977; Angeline Goreau, Reconstructing Aphra: A Social Biography of Aphra Behn, New York 1980. Vgl. als Einführung in Behns Leben und Werk auch Frederick M. Link, Aphra Behn, New York 1968; Albert Helman, Mrs. Behn en haar *Oroonoko*, in: Maatstaf 30, 8-9 (1982), S. 1-44.

5 Vgl. Duffy, The Passionate Shepherdess, a. a. O., S. 16 ff.

6 Vgl. Gerald Duchovnay, Aphra Behn's Religion, in: Notes and Queries 221 (1976), S. 235-237; Sara Heller Mendelson, The Mental World of Stuart Women: Three Studies, Brighton 1987, S. 117-118; Kapitel III (S. 116-184) beschäftigt sich mit Behn.

7 Nachdem es lange Zeit als umstritten galt, ob Behn tatsächlich in Surinam war, hat William J. Cameron, New Light on Aphra Behn, Auckland 1961, diese Frage unter Rückgriff auf umfangreiches dokumentarisches Material geklärt. Vgl. dazu zuletzt B. Dhuicq, Further Evidence on Aphra Behn's Stay in Surinam, in: Notes and Queries 224 (1979), S. 524-526; Elaine Campbell, Aphra Behn's Surinam Interlude, in: Kunapipi 7, 2-3 (1985), S. 25-35.

8 The Plays, Histories and Novels of the Ingenious Mrs. Aphra Behn, with Life and Memoirs, London 1871, Bd. V, S. 4; dabei handelt es sich um eine kurze biographische Skizze, die der ersten gesammelten Ausgabe ihrer Schriften, die Charles Gildon zuerst 1696 veröffentlicht hatte, vorangestellt war.

9 Das Drama war in finanzieller Hinsicht die einträglichste Gattung, denn dem Autor standen die Einnahmen aus der dritten Aufführung sowie aus den Druckfassungen und Widmungen der Stücke zu.

10 Vgl. Angeline Goreau, The Whole Duty of a Woman: Female Writers in Seventeenth-Century England, New York 1985, die das Gebot der *modesty* als »the principal obstacle to women's expressing themselves in print« bezeichnet (S. 17).

11 Vgl. Robert Adams Day, Muses in the Mud: The Female Wits Anthropologically Considered, in: Women's Studies 7, 3 (1980), S. 61-74; Robert Adams Day, Aphra Behn and the Works of the Intellect, in: Mary Anne Schofield/Cecilia Macheski (Hg.), Fetter'd or Free? British Women Novelists 1670-1815, Athens/Ohio 1986, S. 372-382.

12 Vgl. The Works of Aphra Behn, Montague Summers (Hg.), London 1915, 6 Bde., Bd. VI, S. 409: »Die Brise, die die Nationen durcheinanderweht,/Läßt mich unbemitleidet weit zurück/Auf dem verlassenen, öden Ufer,/Um mit dem Echo und dem rauschenden Wind zu seufzen«. Alle folgenden Zitate aus dieser Ausgabe werden mit Band- und Seitenzahl im Text bzw. in den Anmerkungen belegt. Bis auf die Zitate aus *Oroonoko* stammen alle Übersetzungen von den Herausgebern.

13 Virginia Woolf, Ein Zimmer für sich allein, Berlin 1978, S. 59 f.

14 Vgl. Mary Ann O'Donnell, Aphra Behn: An Annotated Bibliography of Primary and Secondary Sources, New York 1986, die mehr als 650 Aufsätze und Bücher über

Behn aufführt. Vgl. von den feministischen Artikeln: Larry Carver, Aphra Behn: The Poet's Heart in a Woman's Body, in: Papers on Language and Literature 11 (1978), S. 414-424.

15 Vgl. dazu neuerdings Elaine Hobby, Virtue of Necessity: English Women's Writing, 1649-88, London 1988.

16 Robert D. Hume, The Development of English Drama in the Late Seventeenth Century, Oxford 1976, S. 284, einer der besten Kenner des Restaurationsdramas, hält Behns dramatisches Werk für ein Musterbeispiel, um die Entwicklung des Dramas in den 1670er Jahren zu rekonstruieren.

17 Die Thematik der erzwungenen Heirat steht schon im Mittelpunkt ihres ersten Stücks *The Forc'd Marriage*; vgl. Robert L. Root, Jr., Aphra Behn, Arranged Marriage, and Restoration Comedy, in: Women & Literature 5 (1977), S. 3-14.

18 Vgl. Fidelis Morgan, The Female Wits: Women Playwrights on the London Stage, 1660-1720, London 1981; Jacqueline Pearson, The Prostituted Muse. Images of Women and Women Dramatists 1642-1737, New York 1988.

19 Vgl. zu Behns Lyrik Judith Kegan Gardiner, Aphra Behn: Sexuality and Self-Respect, in: Women's Studies 7 (1980), S. 67-78; Angeline Goreau, Zwei Engländerinnen des 17. Jahrhunderts. Anmerkungen zu einer Anatomie der weiblichen Lust, in: Philippe Ariès/André Béjin (Hg.), Die Masken des Begehrens und die Metamorphosen der Sinnlichkeit. Zur Geschichte der Sexualität im Abendland, Frankfurt/M. 1986, S. 130-146.

20 Vgl. zur Kritik an der traditionellen Einschätzung, daß der Aufstieg des Romans ausschließlich männlichen Autoren zu verdanken ist: Jane Spencer, The Rise of the Woman Novelist. From Aphra Behn to Jane Austen, Oxford/New York 1986; Dale Spender, Mothers of the

Novel, London/New York 1986; Janet Todd, The Sign of Angelica. Women, Writing and Fiction, 1660-1800, London 1989.

21 Vgl. Natascha Würzbach, Wandlungen in der Struktur der englischen Prosaerzählung vor Defoe, in: Die Neueren Sprachen 17 (1968), S. 585-601, bes. S. 585-589; Edwin D. Johnson, Aphra Behn's *Oroonoko*, in: Journal of Negro History 10 (1925), S. 334-342.

22 Vgl. Rowland M. Hill, Aphra Behn's Use of Setting, in: Modern Language Quarterly 7 (1946), S. 189-203, der eine stetige Ausweitung und Verbesserung der detaillierten Raumbeschreibung in Behns Erzählwerk festgestellt hat.

23 Vgl. Ruthe T. Sheffey, Some Evidence for a New Source of Aphra Behn's *Oroonoko*, in: Studies in Philology 59 (1962), S. 52-63, derzufolge Thomas Tryons *Friendly Advice to the Gentlemen-Planters of the East and West Indies* (1684) von Behn als Quelle für die Schilderung der Zustände in den Kolonien verwendet wurde.

24 Ob sich Aphra primär auf ihre eigene Anschauung und ihre persönlichen Erfahrungen während ihres Aufenthaltes in Surinam verließ oder sich Anregungen aus der zeitgenössischen Reiseliteratur holte, ist letztlich unbedeutend. Vgl. zu der kontroversen Debatte: Ernest Bernbaum, Mrs. Behn's *Oroonoko*, in: Anniversary Papers by Colleagues and Pupils of George Lyman Kittredge, Boston/London 1913, S. 419-435; Wylie Sypher, A Note on the Realism of Mrs. Behn's *Oroonoko*, in: Modern Language Quarterly 3 (1942), S. 401-405; J. A. Ramsaran, *Oroonoko*: A Study of the Factual Elements, in: Notes and Queries 205 (1960), S. 142-145; H. A. Hargreaves, New Evidence of the Realism of Mrs. Behn's *Oroonoko*, in: Bulletin of the New York Public Library 74 (1970), S. 437-444.

25 Vgl. zum folgenden Uwe Böker, Sir Walter Raleigh, Daniel Defoe und die Namengebung in Aphra Behns *Oroonoko*,

in: Anglia 90 (1972), S. 92-104; zur Erläuterung einiger Namen vgl. die Anmerkungen zum Roman am Ende dieses Bandes.

26 Behns Romane weisen deutliche Ähnlichkeiten mit der französischen *nouvelle* des 17. Jahrhunderts auf, wie sie vor allem durch die Modeautorin Mademoiselle De Scudéry geprägt worden war. Vgl. Gary Kelly, ›Intrigue‹ and ›Gallantry‹: The Seventeenth-Century French *Nouvelle* and the ›Novels‹ of Aphra Behn, in: Revue de Littérature Comparée 55 (1981), S. 184-194.

27 Vgl. Martine Watson Brownley, The Narrator in *Oroonoko*, in: Essays in Literature 4 (1977), S. 174-181; Spencer, The Rise of the Woman Novelist, a. a. O., S. 47-52.

28 Dies schlägt sich sogar im Gebrauch der Personalpronomen nieder, wenn die Erzählerin zwischen der ersten und dritten Person wechselt, um die Kolonisten als ihre Verbündeten bzw. als Oroonokos Peiniger zu bezeichnen. Vgl. William C. Spengemann, The Earliest American Novel: Aphra Behn's *Oroonoko*, in: Nineteenth-Century Fiction 38 (1983), S. 384-414.

29 George Guffey, Aphra Behn's *Oroonoko*: Occasion and Accomplishment, in: George Guffey/Andrew Wright, Two English Novelists: Aphra Behn and Anthony Trollope, Los Angeles 1975, S. 3-41, weist Parallelen zwischen Oroonoko und Jakob II. auf und beurteilt *Oroonoko* sowie Behns politisch motivierte Dramen als Versuche, beim Leser Sympathien für die in den 1680er Jahren in Bedrängnis geratenen Stuart-Könige zu wecken.

30 Vgl. Michael J. C. Echeruo, The Conditioned Imagination from Shakespeare to Conrad. Studies in the Exo-cultural Stereotype, London/Basingstoke 1978, S. 79 ff., 88 ff.; Echeruo verdeutlicht unter anderem am Beispiel der stereotypen Darstellung Oroonokos und der Sklaven, daß die Einbildungskraft eines Autors ebenso gesellschaftlich bedingt ist wie die Erwartungshaltung des Lesepublikums.

31 Einige der Widersprüche hat Beverle Houston, Usurpation and Dismemberment: Oedipal Tyranny in *Oroonoko*, in: Literature and Psychology 32 (1986), S. 30-36, psychoanalytisch zu erklären versucht.

32 Vgl. Wylie Sypher, Guinea's Captive Kings: British Anti-Slavery Literature of the XVIIIth Century, Chapel Hill 1942, S. 108-115.

33 Vgl. zur Formierung und Transformation des Bildes vom Guten Wilden die Studie von Karl-Heinz Kohl, Entzauberter Blick. Das Bild vom Guten Wilden und die Erfahrung der Zivilisation, Frankfurt/M. 1986, auf die wir uns im folgenden stützen. Aus der Fülle von Literatur zu diesem Thema seien genannt: Urs Bitterli, Die ›Wilden‹ und die ›Zivilisierten‹. Grundzüge einer Geistes- und Kulturgeschichte der europäisch-überseeischen Beziehungen, München 1976; Klaus H. Börner, Auf der Suche nach dem irdischen Paradies. Zur Ikonographie der geographischen Utopie, Frankfurt/M. 1984.

34 Vgl. das Standardwerk von H. N. Fairchild, The Noble Savage. A Study in Romantic Naturalism, 3. Aufl., New York 1961, S. 10.

35 Vgl. dazu die Einschätzung von Kohl, Entzauberter Blick, a. a. O., S. 19, daß das Bild vom Guten Wilden »als organisatorischer Parameter fremdkultureller Erfahrungen« und »als Projektionsfläche des in der eigenen Gesellschaft Unterdrückten und Verdrängten« fungierte. Eine ähnliche Ansicht vertritt auch Francis Jennings, The Invasion of America. Indians, Colonialism, and the Cant of Conquest, Chapel Hill 1975, S. 59, der die jeweilige Vorstellung, die Engländer von Indianern hatten, als »Spiegelbild ihrer eigenen Absicht« bezeichnet. Auch Börner, Suche nach dem irdischen Paradies, a. a. O., S. 102, verweist auf »die historisch und kulturell bedingte Übertragung europäischer Geschmacks- und Werturteile auf Nichteuropäer«.

36 Jean Poirier, Histoire de la pensée ethnologique, in: ders. (Hg.), Ethnologie générale, Paris 1968, S. 3-179, hier S. 17.

37 Vgl. Meredith Cary, Different Drummers: A Study of Cultural Alternatives in Fiction, London 1984, S. 94-102; Peter J. Weston, The Noble Primitive as Bourgeois Subject, in: Literature and History 10 (1984), S. 59-71.

38 Vgl. Thomas Southerne, *Oroonoko*, hrsg. von Maximillian E. Novak/David Stuart Rodes, London 1976, S. 4: »Von einem Freund von ihr [Behn, Hg.] erfuhr ich, daß sie die Geschichte stets noch gefühlvoller erzählte, als sie sie niedergeschrieben hatte«.

39 Vgl. Myra Reynolds, The Learned Lady in England, 1650-1760, Boston 1920, S. 130 f., die in Behns »vivid portrayal of the cruelties incident to the slave trade [...] a modern humanitarian note not unprophetic of *Uncle Tom's Cabin*« sieht.

40 Vgl. Edward D. Seeber, *Oroonoko* and Crusoe's Man Friday, in: Modern Language Quarterly 12 (1951), S. 286-291.

41 Vgl. Lucy K. Hayden, The Black Presence in Eighteenth-Century British Novels, in: CLA Journal 24, 3 (1981), S. 400-415, die auch einen kurzen Überblick über die Geschichte des Sklavenhandels und des aufkommenden Abolitionismus gibt.

42 Vgl. zur Popularität des Romans in Frankreich Edward Seeber, *Oroonoko* in France in the XVIIIth Century, in: PMLA 51 (1936), S. 953-959; die französische Fassung von Antoine de Laplace, die keine wörtliche Übersetzung, sondern eine Bearbeitung des Originals darstellt, gehörte im 18. Jahrhundert zu den neun meistgelesenen englischen Romanen in Frankreich.

43 Vgl. auch die Texte in der Anthologie von Gerd Stein (Hg.), Die Edlen Wilden. Die Verklärung von Indianern, Negern und Südseeinsulanern auf dem Hintergrund der kolonialen Greuel. Vom 16. bis zum 20. Jahrhundert, Frankfurt/M. 1984.

44 Vgl. Renate Möhrmann, Luise Mühlbachs kecke Jahre, in: dies., Die andere Frau, Stuttgart 1977, S. 60-84; vgl. zu Aphra Behn ebd., S. 79-84.

45 Wilhelm von Humboldt. Werke in fünf Bänden, Bd. III: Schriften zur Sprachphilosophie, hrsg. von Andreas Flitner und Klaus Giel, 5. Aufl., Darmstadt 1979, S. 148.

46 Eine Ausnahme bildet lediglich ihre Farce *The Emperor of the Moon*, die in deutscher Übersetzung vorliegt; vgl. Alfred Behrmann (Hg.), Zwei englische Farcen, Frankfurt/M. 1973.

47 Neben der in den Fußnoten dieser Einleitung genannten Sekundärliteratur wurden die beiden historisch-kritischen Ausgaben des Romans bei den Anmerkungen zugrunde gelegt; vgl. Gerald Duchovnay, Aphra Behn's *Oroonoko*. A Critical Edition, Diss. Indiana University 1971; Adelaide P. Amore (Hg.), *Oroonoko, or The Royal Slave*. A Critical Edition, New York/London 1987.

Oroonoko
oder
Die Geschichte vom königlichen Sklaven

Wenn ich euch die Geschichte dieses königlichen Sklaven erzähle, so nicht in der Absicht, meinen Leser mit Abenteuern eines erdichteten Helden zu unterhalten, mit dessen Leben und Schicksalen die Phantasie nach dem Belieben des Dichters umgehen darf; ebensowenig habe ich vor, die Wahrheit, die ich wiedergebe, mit anderen Ereignissen auszuschmücken als jenen, die ihm tatsächlich widerfuhren. Sie soll ungeschminkt ans Tageslicht kommen und sich durch die natürlichen Vorzüge und Verschürzungen empfehlen, da es der Realitäten genug gibt, sie zu stützen und unterhaltsam zu machen, ohne daß man Erfundenes hinzufügen müßte.[1]

Einen großen Teil dessen, was ihr hier niedergeschrieben findet, habe ich selbst als Augenzeuge miterlebt, und was ich nicht mit eigenen Augen sehen konnte, erfuhr ich aus dem Munde der Hauptperson dieser Geschichte, von dem Helden selbst, der uns alle Begebenheiten aus seiner Jugend mitteilte.[2] Gleichwohl werde ich um der Kürze willen tausend kleine Vorkommnisse in seinem Leben übergehen, welche meinen Leser in einer Welt, in der er jede Minute neue und ungewöhnliche Zerstreuungen findet, ermüden und langweilen könnten, wie anziehend sie auch für uns sein mochten, da die historischen Berichte dürftig waren und Abenteuer höchst selten. Wir, die wir ganz bezaubert waren von der Persönlichkeit dieses großen Mannes, strebten emsig danach, alle Umstände seines Lebens zusammenzutragen.

Der Schauplatz seiner letzten Abenteuer liegt in einer Kolonie namens Surinam, die zu dem Westindien genannten Teil Amerikas gehört.[3]

Doch ehe ich euch die Geschichte dieses ritterlichen Sklaven erzähle, muß ich berichten, auf welche Weise die Sklaven in diese neuen Kolonien gebracht wurden; denn deren man sich dort bedient, sind nicht Eingeborene des Landes; mit diesen leben wir in uneingeschränkter Freundschaft, und wir dürfen sie nicht unter unsere Herrschaft zwingen, sondern müssen sie uns im Gegenteil mit aller brüderlichen und freundschaftlichen Zuneigung der Welt warmhalten, indem wir mit ihnen Handel treiben, um ihren Fisch, ihr Wildbret, ihre Büffelhäute und ihre kleinen Seltenheiten, zum Beispiel die Pinseläffchen, eine Affenart von der Größe einer Ratte oder eines Wiesels, aber wundersam und zart gebildet mit dem Gesicht und den Händen eines Menschengeschöpfs, und die Löwenäffchen, kleine Tiere, die in Ansehen und Gestalt einem Löwen gleichen, nicht größer als ein Kätzchen, aber in allen Teilen diesem edlen Tier so haargenau nachgebildet, daß sie wie eine Miniaturausgabe von ihm anmuten. Auch kleine Sittiche, große Papageien, Aras und tausend andere Vögel und Tiere, wunderschön und überraschend in Aussehen, Gestalt und Färbung, handeln wir von ihnen ein. Häute von Riesenschlangen, darunter manche von sechzig Yard Länge wie die Haut jener, welche in Seiner Majestät Raritätensammlung zu sehen ist, wo sich gleichfalls etliche seltene Insekten von erstaunlicher Form und Färbung befinden, von mir selbst zum Geschenk gemacht, manche faustgroß, andere kleiner, und alle von so mannigfaltiger Vollkommenheit, daß die Kunst sie nicht nachzubilden wüßte. Ferner handeln wir Federn ein, welche die Eingeborenen in allen nur erdenklichen Formen anordnen; sie fertigen sich daraus kleine, kurze Kleidungsstücke und herrliche Gewinde von unvorstellbaren Farbschattierungen für Kopf, Hals, Arme und Beine. Ich erhielt eine solche Garnitur zum Geschenk und übergab sie dem Königlichen Theater, wo sie als unnachahmliche Tracht der Indianerkönigin von hohen Standespersonen über die Maßen bewundert wurde.[4] Abgesehen davon tauschen wir von ihnen tausend kleine Spielereien und Seltenheiten ein, welche die Natur und mitunter auch die Kunstfertigkeit geschaffen hat, wie ihre Körbe, Waffen, Schurze und dergleichen mehr. Wir geben ihnen dafür Glasperlen in allen Farben, Messer, Beile und jederlei Nadeln, welche sie nur als Werkzeug benutzen, sich in Ohren, Nase und Lippen Löcher zu bohren, in die sie eine Unmenge kleiner Dinge hängen: lange Perlen, dünn gehämmerte Zinn-, Bronze- oder Silberblättchen und allerlei glitzernden Tand. Die Glasperlen ordnen sie sehr sauber zu verschiedenfarbigen Blüten in dem eine viertel Elle langen und ebenso breiten Schutz, den sie so tragen wie einst Adam und Eva die Feigenblätter; die Männer bedecken sich mit einem langen Streifen Leinen, das sie von uns einhandeln. Die Perlen werden auch auf lange Baumwollfäden aufgereiht zu Gürteln, mit denen sie den Schurz befestigen und die wohl zwanzigmal oder mehr um die Hüften geschlungen, dann wie Schulterriemen gekreuzt und um Hals, Arme und Beine gewunden werden. Dieser Schmuck im Verein mit dem langen schwarzen Haar und dem hier und da mit kleinen Tupfen oder Blüten bemalten Gesicht macht sie zu einem wunderbaren Anblick. Etliche der Schönen, die in der Tat wie fast alle sehr wohlgestalt sind und feine Gesichtszüge haben, sind bezaubernd und ungewöhnlich, da sie alles besitzen, was schön genannt wird, ausgenommen die Hautfarbe, ein rötliches Gelb oder, wenn sie sich frisch geölt haben, was sie häufig tun, von der Farbe eines neuen Ziegelsteins, aber glatt, lieblich und schimmernd. Sie sind über die Maßen züchtig und schamhaft, sehr scheu und spröde gegen körperliche Berührung. Und obgleich sie alle nackt herumlaufen, bemerkt man doch, wenn man unter ihnen lebt, nichts Unschickliches in ihren Gebärden oder Blicken; da sie ständig gewohnt sind, einander so unbekleidet zu sehen wie unsere Ureltern vor dem Sündenfall, scheinen sie keine Wünsche zu kennen, denn es gibt nichts, ihre Neugier zu erregen: Alles, was man sehen kann, sieht man sogleich und jeden Augenblick, und wo nichts Ungewöhnliches ist, kann es keine Neugier geben. Nicht als hätte ich nicht einen hübschen jungen Indianer vor Liebe zu einem sehr schönen jungen Indianermädchen vergehen sehen; aber seine ganze Werbung bestand darin, die Arme zu kreuzen und sie mit den Augen zu verfolgen, und seine Sprache war nichts als Seufzen. Indes sie, als wäre kein Anbeter da, oder eher, als wünsche sie sich keinen, ihre Augen sorgsam vor seinem Anblick bewahrte und niemals in seine Nähe kam, ohne mit der ganzen errötenden Züchtigkeit zu Boden zu schauen, welche ich bei den Strengsten und Vorsichtigsten unserer Welt wahrgenommen. Diese Menschen vermittelten mir einen vollkommenen Begriff von dem Urzustand der Unschuld, ehe der Mensch um die Sünde wußte, und es ist ganz offensichtlich und klar, daß die unverdorbene Natur die wohlmeinendste, unschädlichste und vortrefflichste Gebieterin ist.[5] Sie erzieht, sofern es ihr gestattet ist, die Welt besser als alle Erfindungen des Menschen; die Religion würde hier nur die Seelenruhe vernichten, welche sie dank ihrer Unwissenheit besitzen, und Gesetze würden sie nur lehren, Vergehen zu erkennen, von denen sie jetzt keinen Begriff haben. Einmal trauerten und fasteten sie um den Tod des englischen Gouverneurs, der ihnen in die Hand versprochen hatte, an einem bestimmten Tag zu ihnen zu kommen, und dennoch weder kam noch zu ihnen schickte. Sie glaubten, wenn ein Mann sein Wort gegeben habe, könne oder sollte nur der Tod ihn hindern, es zu halten, und als sie sahen, daß er nicht tot war, fragten sie ihn, welchen Namen man in seinem Lande für einen Mann habe, der etwas Versprochenes nicht halte. Der Gouverneur antwortete ihnen, solch ein Mann sei ein Lügner, und das sei eine Bezeichnung der Ehrlosigkeit für einen Gentleman. Darauf entgegnete ihm einer von ihnen: »Gouverneur, Ihr seid ein Lügner und habt Euch dieser Ehrlosigkeit schuldig gemacht.«

Sie besitzen ein angeborenes Rechtsgefühl, das keine Falschheit kennt, und sie erhalten erst einen Begriff von Bosheit oder List, wenn sie diese durch die Weißen erfahren. Sie haben eine Vielzahl von Frauen, die, wenn sie alt werden, ihre jungen Nachfolgerinnen bedienen[6], aber mit einer ungezwungenen und geachteten Dienstbarkeit, und außer den Sklaven, die sie aus Kriegen heimbringen, gibt es bei ihnen keine anderen Bedienten.

In jenem Land, in dem ich mich aufhielt, hatte das Volk keinen König; dem ältesten Kriegshäuptling gehorchten sie jedoch mit großer Ergebenheit.

Ein Kriegshäuptling ist ein Mann, der sie mit Geschick und Erfolg in Schlachten geführt hat; ich werde später noch Gelegenheit haben, darüber und über etliche andere Sitten und Gebräuche zu sprechen, wenn ich auf sie stoße.

Mit diesem Volk leben wir, wie gesagt, in vollkommenem Frieden und gutem Einvernehmen, so wie es sich für uns geziemt. Da sie alle Orte kennen, wo die beste Nahrung des Landes zu finden ist, und auch die Mittel, sie zu erlangen, versorgen sie uns im Austausch gegen höchst unbedeutenden und wertlosen Tand mit all dem, was wir uns unmöglich selber beschaffen können; denn sie jagen nicht nur in den Wäldern und Savannen, wobei sie wie Jagdhunde diese nahezu unwegsamen Gegenden mit unglaublicher Schnelligkeit durchstöbern und durch die bloße Behendigkeit ihrer Füße den flinksten Hirsch und anderes eßbares Getier zur Strecke bringen, sondern auch im Wasser, wo man sie für Flußgötter oder Bewohner der Meerestiefe halten würde, so außergewöhnlich ist ihre Geschicklichkeit im Schwimmen, Tauchen und Beinahe-im-Wasser-Leben, wodurch sie Gewalt haben über die weniger schnellen Bewohner der Fluten. Und dann ihre Fertigkeit im Schießen! Was sie nicht fangen oder mit den Händen erreichen können, verschaffen sie sich mit Pfeilen, und ihre Treffsicherheit ist so bewundernswert, daß sie auf jede Entfernung, die ein Pfeil erreichen kann, fast ein Haar zu spalten vermögen. Sie schießen Orangen und andere Früchte vom Baum und treffen dabei mit der Spitze des Wurfspeeres nur den Stengel, damit sie die Frucht nicht beschädigen. So daß wir es, da sie uns bei allen Gelegenheiten sehr von Nutzen sind, für unbedingt notwendig erachten, sie liebevoll als Freunde zu behandeln und nicht als Sklaven, was wir ohnehin nicht wagen dürften, denn sie sind uns in diesem Lande an Zahl weit überlegen.[7]

Demnach sind die, deren wir uns zur Arbeit in unsern Zuckerplantagen bedienen, Neger, lauter schwarze Sklaven, welche auf folgende Weise[8] hergebracht werden:

Diejenigen, welche Sklaven brauchen, schließen mit einem Schiffseigner oder Kapitän einen Handel ab und verpflichten sich vertraglich, ihm soundsoviel, etwa zwanzig Pfund pro Kopf, für die vereinbarte Anzahl an jedem Tag zu zahlen, da sie auf der bestimmten Plantage abgeliefert werden. Wenn also ein mit Sklaven beladenes Schiff eintrifft, mit welchem ein solcher Vertrag geschlossen wurde, gehen die Partner an Bord und nehmen ihre durch das Los bestimmte Schar in Empfang, und da kann es vorkommen, daß in einer Partie von zehn nur drei oder vier Männer und der Rest Frauen und Kinder sind. Mögen nun aber von einem Geschlecht mehr oder weniger sein, man muß sich notgedrungen mit seinem Anteil zufriedengeben.

Coramantien war der Name eines von Schwarzen bewohnten Gebiets.[9] Es gehörte zu jenen, welche die günstigsten Handelsmöglichkeiten mit Sklaven boten, und dorthin fahren die meisten unserer Großhändler, um diese Ware zu kaufen; denn jenes Volk ist sehr kriegerisch und tapfer, und da es fortgesetzt Krieg führte, weil es stets mit diesem oder jenem benachbarten Fürsten in Feindschaft lebte, hatte es das Glück, eine Unmenge Gefangener zu machen; denn alle im Kampf gefangenen wurden als Sklaven verkauft, zumindest jene niederen Ranges, die sich nicht loskaufen konnten. Von diesen auf solche Weise eingebrachten Sklaven hat einzig und allein der Feldherr den ganzen Nutzen, und von diesen Feldherrn kaufen unsere Kapitäne und Schiffseigner ihre ganze Fracht.[10]

Der König von Coramantien selbst war ein Mann von hundert und etlichen Jahren und besaß keinen Sohn, obgleich er viele schöne schwarze Frauen sein eigen nannte; denn zweifellos gibt es unter diesen Farbigen bezaubernde Schönheiten. In seinen jüngeren Jahren hatte der König viele tapfere Männer als Söhne gehabt, dreizehn davon fielen, noch im Sterben siegend, im Kampf, und als Thronfolger war ihm nur ein Enkel geblieben, der Sohn eines jener gefallenen Sieger, der, sobald er einen Bogen in der Hand und einen Köcher auf dem Rücken zu tragen vermochte, ins Gefecht geschickt wurde, damit er von einem der ältesten Feldherrn zum Kriegsdienst erzogen werde. Seine angeborene Neigung zu den Waffen und die gebotenen Gelegenheiten im Verein mit der trefflichen Anleitung des alten Feldherrn bewirkten, daß er mit siebzehn Jahren einer der geschicktesten Befehlshaber und tapfersten Krieger wurde, welche die Treffstatt des Mars je gesehen. Überdies war er mit einer natürlichen, alle anderen seiner dunklen Rasse so überragenden Schönheit begabt, daß er selbst jene, welchen sein Rang unbekannt war, mit heiliger Scheu und Ehrfurcht erfüllte, wie auch mich, die ich ihn mit Staunen und Verwunderung betrachtete, als er später in unsere Welt kam.

Kaum hatte er sein siebzehntes Jahr erreicht, als der an seiner Seite kämpfende Feldherr durch einen Pfeil ins Auge getötet wurde, der um ein Haar den Prinzen Oroonoko (denn so lautete der Name dieses tapferen Mohren) getroffen hätte, wäre er nicht durch den Feldherrn davor bewahrt worden. Dieser hatte den abgeschossenen und auf den Prinzen gezielten Pfeil bemerkt und streckte den Kopf vor, um ihn lieber mit dem eigenen Leib aufzufangen, als den Prinzen treffen zu lassen.

Damals wurde Oroonoko, so betrübt er war, an des alten Mannes Statt zum Befehlshaber ausgerufen, und etwa um die gleiche Zeit kam der Prinz nach Beendigung des Krieges, welcher zwei Jahre gewährt, an den Hof, wo er von seinem fünften bis zu seinem siebzehnten Lebensjahr insgesamt kaum einen Monat verbracht hatte. Es war erstaunlich, wo er soviel Menschlichkeit gelernt hatte oder, um seinen Vorzügen einen treffenderen Namen zu geben, woher er diese Seelengröße hatte, diese geläuterten Begriffe von wahrer Ehre, diesen vollkommenen Edelsinn und dieses der erhabensten Liebe und Ritterlichkeit fähige Zartgefühl – er, der sich fast ständig unter kämpfenden Männern, unter Verstümmelten oder Toten befunden und keine anderen Laute vernommen hatte als Kriegsgetöse und Stöhnen. Ein Teil davon darf den Bemühungen eines klugen und gelehrten Franzosen zugeschrieben werden, der es für höchst vorteilhaft erachtete, diesem jungen Schwarzen so etwas wie ein königlicher Hofmeister zu sein, und da er bemerkte, wie überaus willig, fähig und lebhaft seine Auffassung war, machte es ihm viel Freude, ihn Ethik, Sprache und Wissenschaft zu lehren, und von Oroonoko wurde er deswegen über die Maßen geliebt und hochgeschätzt. Eine andere Ursache war, daß er nach der Heimkehr aus dem Krieg gern all die englischen Herren um sich sah, welche dort Handel trieben, und nicht nur ihre Sprache, sondern auch die der Spanier lernte, mit denen er später durch den Sklavenhandel Verbindung hatte.

Ich habe diesen großen Mann oft gesehen und mit ihm gesprochen und war Augenzeuge vieler seiner bedeutenden Taten, und ich versichere meinem Leser, daß die erlauchtesten Höfe keinen Mann hätten hervorbringen können, welcher ihn übertroffen hätte an erhabenem Mut und Seelengröße, an gediegenem Urteil, lebhaftem Geist und einem angenehmen, unterhaltsamen Gespräch. Er wußte fast soviel, als hätte er viel gelesen. Er hatte von den Römern gehört und bewunderte sie; er hatte von den jüngsten Bürgerkriegen in England und dem beklagenswerten Tod unseres großen Monarchen gehört und pflegte darüber mit allem nur erdenklichen Verständnis und Abscheu vor der Ungerechtigkeit zu sprechen.[11] Seine Manieren waren ungemein gefällig und anmutig, und er besaß die Höflichkeit eines wohlerzogenen vornehmen Mannes. Sein Wesen hatte nichts Barbarisches, sondern er benahm sich in allen Dingen so, als hätte er seine Erziehung an einem europäischen Hof genossen.

Dieser bedeutende und wohlbegründete Ruf Oroonokos machte mich außerordentlich neugierig, ihn zu sehen, vor allem, als ich erfuhr, daß er französisch und englisch sprach und daß ich mich mit ihm unterhalten konnte. Doch obgleich ich so viel von ihm gehört hatte, war ich aufs höchste überrascht, als ich ihn sah; es war, als hätte ich nichts von ihm vernommen, so sehr schien er mir alle Berichte zu übertreffen. Er trat ins Zimmer und wandte sich mit der schicklichsten Liebenswürdigkeit der Welt an mich und ein paar andere Frauen. Er war ziemlich groß, aber so wohlgestalt, wie man es sich nur vorstellen kann. Der berühmteste Bildhauer wäre nicht imstande, die Statue eines von Kopf bis Fuß so wunderbar geformten Mannes zu schaffen. Sein Gesicht war nicht von jenem rostbraunen Schwarz wie das der meisten dieses Volkes, sondern makelloses Ebenholz oder geschliffener Gagat. Seine Augen waren unerhört groß und sehr durchdringend, ihr Weiß glich wie das seiner Zähne frisch gefallenem Schnee. Er hatte die vorspringende Nase der Römer, nicht die platte der Neger.[12] Sein Mund war feiner geschnitten, als man je gesehen, weit entfernt von jenen dicken Wulstlippen, welche bei allen anderen Negern ganz natürlich sind. Die ganze Form und die Züge seines Gesichts waren so edel und sorgfältig geprägt, daß es abgesehen von der Hautfarbe nichts Schöneres, Anziehenderes und Wohlgestalteres in der Natur geben konnte. Nicht eine einzige jener Zierden fehlte, welche den Maßstab wahrer Schönheit bilden. Sein Haar fiel, kunstvoll mit einem Federkiel ausgezupft und häufig gekämmt, worauf er besondere Sorgfalt verwandte, bis auf die Schultern herab. Und die Vorzüge seines Geistes standen denen seines Äußeren durchaus nicht nach; denn seine Reden waren über nahezu jeden Gegenstand bewundernswert, und wer immer ihn sprechen hörte, war überzeugt von seinem Irrtum, daß geschliffener Geist allein auf die Weißen beschränkt sei, vor allem auf jene der Christenheit, und gab zu, daß Oroonoko fähig sei, genausogut zu regieren und ebenso weise zu herrschen, daß er gleich viel Seelengröße besitze, ebensolche staatsmännischen Grundsätze habe und ebenso empfänglich sei für Macht wie ein zivilisierter Prinz in den vornehmen Schulen der Humanität und Gelehrsamkeit oder an den erlauchtesten Höfen.

Dieser Prinz, so wie ich ihn beschrieben habe, mit den wundervollen Zierden seiner Seele und seines Leibes, war (während er, was ich schon sagte, bereits am Hofe seines Großvaters weilte) genauso der Liebe fähig, wie es einem tapferen und ritterlichen Mann nur möglich ist, und wenn ich das sage, so meine ich damit den höchsten Grad der Liebe; denn gewiß sind große Seelen dieser Leidenschaft am fähigsten.

Ich erzählte bereits, daß der alte Feldherr an der Seite des Prinzen durch einen Pfeil im Kampf getötet worden war und daß Oroonoko zum Befehlshaber erwählt wurde. Dieser alte gefallene Held hatte von seinem ganzen Geschlecht eine einzige Tochter hinterlassen, eine Schönheit, von der man, um sie wahrheitsgemäß zu schildern, nur zu sagen braucht, daß sie das weibliche Gegenstück zu diesem edlen Mann war, die wunderschöne schwarze Venus für unsern jungen

Mars [13], so bezaubernd von Aussehen wie er und mit erlesenen Tugenden ausgestattet. Ich habe Hunderte von weißen Männern nach ihr schmachten und zu ihren Füßen Tausende von Schwüren leisten sehen, alle vergeblich und erfolglos. Und zweifellos war sie auch zu überragend, als daß irgendein anderer als ein Fürst ihres eigenes Volkes sie hätte anbeten dürfen.

Als Oroonoko aus dem Krieg heimkehrte (der nun beendet war) und dem Großvater seine Aufwartung gemacht hatte, überlegte er in allen Ehren, daß er Imoinda, der Tochter seines Pflegevaters, des toten Feldherrn, einen Besuch machen und sich bei ihr dafür entschuldigen müßte, daß seine Errettung ihres Vaters Tod verursacht habe. Auch wollte er ihr jene Sklaven, welche in der letzten Schlacht gefangengenommen waren, als die Trophäen der Siege ihres Vaters zum Geschenk machen. Als er mit einem Gefolge verdienstvoller junger Krieger zu ihr kam, erfüllte ihn unendliches Staunen über die Schönheit dieser vollkommenen Königin der Nacht [14], deren Antlitz und Gestalt alles übertrafen, was er je gesehen. Die liebliche Bescheidenheit, mit der sie ihn empfing, die Sanftheit ihrer Blicke und Seufzer über den traurigen Anlaß, dem sie die Ehre verdankte, die ihr ein so bedeutender Mann wie Oroonoko erwies – ein Prinz, von dem sie so wundervolle Dinge vernommen –, die Ehrfurcht, mit der sie ihm begegnete, und die Anmut ihrer Worte und Gebärden, während er bei ihr weilte, erlangten einen vollständigen Sieg über sein leidenschaftliches Herz und ließen ihn spüren, daß der Sieger überwältigt werden könne. Nachdem er ihr die ersten Komplimente gemacht und ihr hundertfünfzig gefesselte Sklaven als Geschenk übergeben hatte, sagte er ihr daher mit den Augen, daß er nicht unempfänglich sei für ihre Reize, indes Imoinda, die sich nichts Besseres wünschte als eine so herrliche Eroberung, gern glauben wollte, daß sie die stumme Sprache neugeborener Liebe verstehe, und von Stund an alle Zierden der Schönheit anlegte.

Der Prinz kehrte in ganz anderer Gemütsverfassung als zuvor an den Hof zurück, und obgleich er selbst nicht viel von der schönen Imoinda sprach, ward ihm die Freude, all seine Begleiter von nichts anderem als den Reizen dieses Mädchens sprechen zu hören, die sie sogar in Gegenwart des alten Königs priesen und deren Schönheiten, welche sie an ihr entdeckt, sie, wenn möglich, noch übertrieben, so daß von nichts anderem gesprochen wurde und in jeder Ecke, wo man miteinander wisperte, kein anderer Laut zu hören war als »Imoinda! Imoinda!«

Man kann sich vorstellen, daß Oroonoko nicht lange zögerte, einen zweiten Besuch zu machen, und daß er in Anbetracht seines Ranges nicht viel länger säumte, ihr zu sagen, wie er sie anbete. Ich habe ihn oft sagen hören, daß er sich über die sonderbare Eingebung verwundert habe, die ihn, der die Liebe noch nicht kennengelernt und den Umgang mit Frauen nicht gewohnt war, dazu gebracht hatte, so sanft und so leidenschaftlich über etwas zu sprechen; aber (um seine eigenen, überaus glücklichen Worte zu gebrauchen) eine neue und bislang unbekannte Macht habe sein Herz und seine Zunge die Sprache der Liebe gelehrt und gleichzeitig Imoinda zu seinen Gunsten eine Empfänglichkeit für seine Leidenschaft eingeflößt. Sie war bewegt von seinen Worten und erwiderte sie auf eine Weise, die ihm mit zuvor unbekanntem Entzücken bis ins Herz drang. Diese Schuldscheine, welche ihm die Liebe geschenkt, mißbrauchte er nicht, sondern nutzte all seine glücklichen Augenblicke aufs beste, und da ihm das Laster unbekannt war, strebte seine Leidenschaft nach nichts als Ehre, wenn eine solche Unterscheidung in der Liebe erlaubt ist und noch dazu in einem Land, wo sich die Männer so viele Frauen nehmen, wie sie ernähren können, und wo einzig und allein als Verbrechen und Versündigung an der Frau gilt, wenn man sie davonjagt und der Not, der Schande und dem Elend überläßt. Solche üblen Sitten werden nur in christlichen Ländern geübt, wo man den bloßen Namen Religion vorbringt und glaubt, das genüge, auch ohne Tugend oder Moral.[15] Oroonoko gehörte nicht zu jenen Glaubensverkündern, doch da er den richtigen Begriff von Ehre hatte, machte er ihr Anträge, die nicht bloße Anträge waren, sondern gegen den Brauch seines Landes gelobte er ihr, daß er sie, solange er lebe, als einzige Frau besitzen wolle, daß ihn weder Alter noch Runzeln zu einem Tausch bewegen würden; denn ihre Seele werde immer schön und immer jung sein, und er werde auf ewig das Bild ihrer Reize, welche sie jetzt besitze, vor Augen haben und in seinem Herzen nach diesem Bilde suchen, wenn er es nicht mehr in ihrem Gesicht fände.

Nach tausend Beteuerungen seiner immerwährenden Liebesglut und ihrer ewigen Herrschaft über ihn ließ sie sich herbei, ihn als Gatten anzunehmen, oder nahm ihn vielmehr als die größte Ehre an, welche ihr die Götter erweisen konnten.

In solchen Fällen muß ein bestimmter feierlicher Brauch eingehalten werden, nach dem ich zu fragen vergaß, doch von beiden Seiten wurde beschlossen, daß in gehorsamer Ehrfurcht vor dem Großvater dieser als erster mit der Absicht bekannt gemacht werden solle; denn dem Monarchen wird uneingeschränkte Ergebenheit gezollt, noch dazu, wenn er ein Verwandter ist.

Auf der anderen Seite mangelte es dem alten König, der viele Frauen und Nebenfrauen besaß, nicht an schmeichlerischen Höflingen, die seinem Herzen tausend zärtliche Gedanken über diese junge Schöne einflüsterten und seiner Phantasie Imoinda als das Bezauberndste darstellten, was er im langen Laufe seiner zahlreichen Jahre je besessen. Bei dieser Schilderung spürte sein altes Herz wie ein erstickter Brand, der am leichtesten Feuer fängt, neue Funken der Liebe und entzündete sich, und da er nun in seine zweite Kindheit gekommen war, sehnte er sich voller Ungeduld danach, das hübsche Ding zu betrachten, mit dem er – leider! – nur noch unschuldig zu spielen vermochte.[16] Aber wie sollte er bestätigt finden, daß sie ein solches Wunder sei, ehe er seine Macht gebraucht, sie an den Hof zu rufen (wohin niemals jungfräuliche Mädchen kamen, außer zu des Königs Privatvergnügen)? Dies überlegte er als nächstes, und während er noch darüber nachdachte, wurde ihm die Kunde überbracht, daß Imoinda höchstwahrscheinlich die Geliebte des Prinzen Oroonoko sei. Das verdroß ihn ein wenig; aber es gab ihm freilich auch die Gelegenheit, eines Tages, als der Prinz auf der Jagd war, einen Mann von Rang, der zu Imoinda gehen und ihr vorgeblich im Namen des Prinzen ein Geschenk überbringen sollte, als dessen Sklave und Diener zu begleiten und auf diese Weise unerkannt das schöne Mädchen zu sehen und zu hören, mit welcher Botschaft sie dem Prinzen für das Geschenk danken würde, woraus er dann den Zustand ihres Herzens und den Grad ihrer Neigung entnehmen könnte. Dieser Plan wurde ausgeführt, und der alte Monarch sah und entflammte. Er fand sie ganz so, wie er vernommen, und wollte sein Glück nicht hinauszögern; er erkannte aber, daß es ein Hindernis gab, ihr Herz zu besiegen, denn sie drückte ihr Gefühl für das Geschenk, welches ihr der Prinz gesandt, mit so holden, so zärtlichen und schönen Worten und einem so liebevollen und freudestrahlenden Gesicht aus, daß es keinen Zweifel gab, ob sie Oroonoko wirklich von Herzen liebe. Darüber war der alte König recht bekümmert, half dem jedoch ab, indem er sich sagte, daß der Gehorsam, welchen das Volk seinem König zolle, nicht geringer sei als sein Gehorsam gegen die Götter, und wozu Imoinda nicht die Liebe bewegen würde, dazu würde sie die Pflicht zwingen.

Kaum war er also in seinen Gemächern angelangt, als er Imoinda den Königsschleier sandte, und das ist der feierliche Brauch der Einladung. Der König schickt der Dame, welche er mit seinem Lager zu beehren gedenkt, einen Schleier, mit dem sie verhüllt und auf diese Weise für den Genuß des Königs gesichert wird. Und nicht gehorchen bedeutet Tod, überdies wäre es ein höchst frevelhafter Ungehorsam.

Man kann sich nicht vorstellen, welche Bestürzung und welchen Schmerz das liebliche Mädchen bei dieser Nachricht und diesem Anblick empfand. Da jedoch Zaudern in solchen Fällen gefährlich ist und Einspruch schlimmer als Verrat, mußte sie sich, zitternd und einer Ohnmacht nahe, notgedrungen in den Schleier hüllen und fortführen lassen.[17]

Auf diese Weise wurde sie zum Hof gebracht, und der König, der ein köstliches Bad hatte bereiten lassen, wurde in den Raum geleitet und setzte sich in großem Staat unter einen Thronhimmel, um die sehnsüchtig erwartete Jungfrau zu empfangen. Er hatte befohlen, sie sogleich zu ihm zu bringen, und so wurde sie (nachdem man sie entkleidet hatte) in das Bad geführt, und die Türen wurden verschlossen. Ohne noch mit einem Wort um sie zu werben, befahl ihr der König, ihren Schleier abzuwerfen und in seine Arme zu kommen. Doch Imoinda warf sich tränenüberströmt auf den Marmorrand des Badebeckens und bat ihn flehentlich, sie anzuhören. Sie sagte ihm, wie stolz sie gewesen wäre über die göttliche Ehre, hätte es, sofern sie noch unverheiratet wäre, in ihrer Macht gelegen, ihrem König zu gehorchen. Doch um der Gesetze willen könne er nicht und in seiner königlichen Güte würde er nicht irgendeinem Mann die Ehefrau nehmen; sie würde sich daher für den Anlaß halten, daß er eine große Sünde begehe, wenn sie ihm nicht ihre Lage und Stellung offenbare und ihm mitteile, daß sie einem anderen gehöre und nicht so glücklich sein könne, ihrem König anzugehören.

Erzürnt über diese Verzögerung fragte der König

eilends nach dem Namen des Verwegenen, welcher ohne seine Zustimmung eine Frau ihres Ranges geheiratet. Da Imoinda seine zornigen Augen gewahrte und seine Hände zittern sah (ob vor Alter oder Wut, weiß ich nicht; aber sie glaubte das letztgenannte), bereute sie fast, soviel erzählt zu haben, denn jetzt fürchtete sie, das Ungewitter werde über den Prinzen hereinbrechen; deshalb sagte sie tausend Dinge, seine rasende Heftigkeit zu beschwichtigen und ihn darauf vorzubereiten, daß er in Ruhe vernehme, wer es sei. Aber noch ehe sie den Namen aussprach, erriet er schon, wen sie meinte, wollte es jedoch nicht durchblicken lassen, sondern befahl ihr, den Schleier beiseite zu legen und seine Liebkosungen zu erdulden, andernfalls, das schwor er bei den Göttern, müsse der Glückliche, den sie im Begriff sei zu nennen, sterben, und wäre es gleich Oroonoko selbst. »Deshalb«, sagte er, »verleugne diese Ehe und schwöre, daß du noch Jungfrau bist!« – »Das schwöre ich bei all unsern Göttern«, erwiderte Imoinda, »denn mein Gatte hat mich noch nicht erkannt.« – »Das genügt«, sagte der König, »das genügt, mein Gewissen und auch mein Herz zu beruhigen.« Und er stand von seinem Sitz auf und geleitete sie in das Bad, und all ihr Widerstreben nützte ihr nichts.

Zu diesem Zeitpunkt war der Prinz von der Jagd heimgekehrt und ging, seine Imoinda zu besuchen, fand sie jedoch nicht daheim, und nicht nur das, er vernahm auch, daß sie den Königsschleier empfangen habe. Das versetzte ihn in einen gewaltigen Aufruhr, und seine Freunde hatten alle Mühe, ihn davor zu bewahren, daß er in seinem rasenden Zorn gewaltsam

Hand an sich legte. Erst erlangte die Kraft, dann die Vernunft die Oberhand über ihn. Sie machten alles gegen ihn geltend, was seine Wut hemmen konnte, aber nichts hatte bei ihm so großes Gewicht wie des Königs hohes Alter, weswegen er unfähig sei, ihm mit Imoinda unrecht zu tun. Dieser Hoffnung wollte er Raum geben, weil sie ihm am meisten zusagte und seinem Herzen am besten gefiel. Dennoch half sie nicht ganz, seine mannigfaltigen Leidenschaften, die mitunter in ihm rasten und sich in Tränenschauern besänftigten, zum Schweigen zu bringen. Ihn zu beruhigen, genügte es nicht, daß man ihm sagte, sein Großvater sei alt und könne ihm auf diese Weise keinen Schimpf antun, da immer noch jener schreckliche Gehorsam übrigblieb, welchen die jungen Leute ihren gesetzten Verwandten zu zollen gewohnt sind. Er konnte nicht überzeugt werden, daß er keine Ursache habe, um den Verlust einer Geliebten zu seufzen und zu trauern, welche er mit aller Kraft und allem Mut nicht wiederzuerlangen vermochte. Und oft rief er aus: »O meine Freunde! Weilte sie in ummauerten Städten oder wäre sie mir in den stärksten Festungen verschlossen, würde sie mir durch Zauberei oder Ungeheuer vorenthalten, ich würde es auf jede Gefahr hin wagen, sie zu befreien. Aber hier, in den Armen eines schwachen alten Mannes, sind mir meine Jugend, meine glühende Liebe, mein Umgang mit Waffen und mein unermeßliches Verlangen nach Ruhm und Ehre von keinem Nutzen. Imoinda ist mir so unwiederbringlich verloren, als wäre sie mir durch die kalten Arme des Todes entrissen. Oh, niemals wird sie mir wieder gehören. Wartete ich auch langsam verfließende Jahre, bis der Tod den alten König in sein Grab beugt, selbst das würde mir Imoinda nicht frei zurücklassen; denn immer noch würde sich meinem Glück jene Sitte in den Weg stellen, nach der es ein so schändliches Verbrechen für einen Sohn ist, seines Vaters Frauen oder Geliebte zu heiraten, es sei denn, ich gäbe meinen Nachfolgern ein böses Beispiel oder verließe meine Heimat und flöhe mit ihr in eine unbekannte Welt, welche nie unsere Geschichte vernommen.«

Es wurde ihm jedoch entgegengehalten, daß sein Fall nicht so läge; denn da Imoinda durch feierlichen Vertrag sein rechtmäßiges Weib geworden, sei er der Geschädigte[18] und könne, wenn er wolle, Imoinda zurückholen, weil ja sein Großvater den Gesetzesbruch begangen habe. Und wenn er ihn überlisten und sie aus dem Otan befreien könne (dem Palast der Frauen des Königs, einer Art Serail), so wäre das sowohl richtig wie gesetzlich.

Diese Beweisführung übte eine gewisse überzeugende Kraft auf ihn aus, und er wäre völlig getröstet gewesen, hätte sie sich nicht gerade im Besitz seines Großvaters befunden. Gleichwohl liebte er sie so sehr, daß er zu glauben beschloß, was seine Hoffnungen am meisten begünstigte, und er nahm sich vor, aus Imoindas eigenem Mund zu erfahren, worüber nur sie ihn beruhigen konnte: ob sie jenes Segens beraubt sei, welcher allein seiner Treue und Liebe gebührte. Doch da es sehr schwer war, die Frauen zu Gesicht zu bekommen (denn Männer betraten den Otan nur in Begleitung des Königs, wenn dieser hinging, um sich mit einigen seiner Frauen oder Geliebten die Zeit zu vertreiben, und zu jeder anderen Zeit bedeutete es den Tod, wenn man sich dort Einlaß verschaffte), wußte er nicht, wie er es möglich machen sollte, sie zu sehen.

Während Oroonoko alle Qualen der Liebe fühlte und die peinlichsten Foltern der Welt erlitt, wurde der alte König nicht von seinem Anteil an Schmerz verschont. Es quälte ihn, daß eine unwiderstehliche Leidenschaft ihn genötigt hatte, seinen Enkel eines Schatzes zu berauben, der ihm, das wußte er, über die Maßen teuer sein mußte, da Imoinda das Schönste war, was er je gesehen, und überdies die ganze Holdseligkeit und Unschuld der Jugend besaß im Verein mit Züchtigkeit und einem unübertrefflich bezaubernden Geist. Mochte sie auch ihren liebreizenden Körper gezwungenermaßen seinen welken Armen preisgeben, sie konnte in ihnen doch nur seufzen und weinen und an Oroonoko denken und sich häufig nicht enthalten, von ihm zu sprechen, obgleich nach dem Brauch ihr Leben verfallen wäre, hätte sie ihre Leidenschaft eingestanden. Doch sie sprach ja nicht nur von einem Liebsten, sondern von einem Prinzen, welcher jenem, zu dem sie sprach, teuer war, und von den Vorzügen eines Mannes, der bislang des alten Mannes Seele mit Freude erfüllt hatte bei jedem Bericht über seine Tapferkeit oder auch nur bei der Erwähnung seines Namens. Und diese Schwäche für unseren jungen Helden war es, welche Imoinda tausendmal das Vorrecht gab, von ihm zu sprechen, ohne Ärgernis zu erregen. Und die Leutseligkeit des alten Königs bewog sie, sich sehr häufig die Freude zu machen, von ihm zu sprechen.

Im übrigen erkundigte sich der König viele Male, wie sich der Prinz verhalte, und da jene, welche er fragte, völlige Sklaven der Verdienste und Tugenden des Prinzen waren, gaben sie stets solche Antworten, welche nach ihrem Dafürhalten Oroonoko am besten dienten, indem sie dem alten König weismachten, der Prinz habe kein Interesse mehr an Imoinda und überlasse sie bereitwillig dem König zu dessen Vergnügen; er vertreibe sich die Zeit mit Mathematik, seinen Festungsanlagen, seinen Offizieren und seiner Jagd.

Das gefiel dem alten Liebhaber, der nicht versäumte, all diese Dinge Imoinda wiederzuerzählen, damit sie nach dem Beispiel ihres jungen Liebsten ihr Herz von jenem abwende und freudiger in seinen Armen ruhe. Doch obgleich sie gezwungen war, diese unwillkommenen Nachrichten dem Anschein nach gleichgültig und zufrieden entgegenzunehmen, brach ihr schier das Herz, und sie war nur glücklich, wenn sie allein sein und ihrem Kummer und Leid mit Seufzern und Tränen Luft machen konnte.

Was dem König über das Betragen des Prinzen berichtet wurde, hielt dieser für gut, durch Handlungen zu rechtfertigen, und wenn er vor dem König erschien, zeigte er ein Gesicht, das sein Herz nicht verriet, so daß ihn der alte Mann, völlig überzeugt, daß er Imoinda nicht mehr liebe, nach kurzer Zeit häufig in seinem Gefolge mitnahm in den Otan zu einem Festschmaus mit seinen Geliebten. Doch kaum hatte Oroonoko eines Tages mit dem König die Gemächer Imoindas betreten und den ersten Blick aus ihren Augen empfangen, als er ungeachtet seines festen Vorsatzes drauf und dran war, auf der Stelle niederzusinken, und das wäre auch geschehen, hätte ihn nicht Aboan, ein in seiner Nähe befindlicher Jüngling, gestützt; andernfalls hätte sich der Prinz dadurch und durch die Veränderung in seinem Gesicht verraten, wäre zufällig des Königs Blick auf ihn gefallen. Ich habe beobachtet, daß es ein sehr großer Irrtum von jenen ist, welche lachen, wenn man behauptet, ein Neger könne die Farbe wechseln; denn ich habe sie ebenso häufig erröten und erbleichen sehen, und zwar so augenscheinlich wie nur je das schönste weiße Mädchen. Und ganz gewiß konnte man an diesem Tag bei beiden Liebenden eine Veränderung der Gesichtsfarbe feststellen. Imoinda, die mit einer gewissen Freude den Wechsel in des Prinzen Gesicht wahrnahm und ihn in ihrem eigenen spürte, bemühte sich, den König mit der erzwungenen Zärtlichkeit, mit der sie ihm entgegenging, abzulenken, damit er nichts merke; aber das riß eine neue Wunde in das Herz des armen, vergehenden Prinzen. Sobald jedoch der König damit beschäftigt war, einen hübschen, von Imoinda angefertigten Gegenstand zu betrachten, hatte sie Zeit, dem Prinzen mit ihren zornigen Augen, aus denen jedoch die Liebe hervorbrach, zu erzählen, wie übel sie seine Kälte vermerke und wie sehr sie ihre elende Gefangenschaft beklage. Auch seine Augen schwiegen nicht, sondern antworteten den ihren so deutlich, wie es Augen vermögen, von dem zärtlichsten und leidenschaftlichsten Herzen, welches je geliebt, darin belehrt. Und sie sprachen so gut und so eindrucksvoll, daß Imoinda nicht länger zweifelte, die einzige Wonne und der einzige Schatz dieser

Seele zu sein, welche sie in seinen Blicken ihr Recht auf Liebe geltend machen sah, dem sich niemand bereitwilliger unterworfen hätte als sie. Und diese mächtige Sprache allein war es, die im Nu alle in ihrer beider Seelen verborgenen Gedanken zueinanderführte und beiden das Gefühl gab, es fehle ihnen nichts als eine Gelegenheit, sie vollends glücklich zu machen. Doch als er sah, wie Onahal (eine frühere, altgewordene Frau des Königs, die nun die Aufsicht über Imoinda hatte) eine andere Tür öffnete, und als er durch diese ein Paradebett erblickte, schon mit Wohlgerüchen und Blumen bereitet für das Liebesspiel des Königs, der sogleich das zitternde Opfer seinem Blick entzog und zu dieser Ruhestatt führte – welch ein Zorn, welch ein wilde Raserei bemächtigten sich da seines Herzens! Und da er sie mit aller Macht in Schranken zu halten und ohne einen Laut zu ertragen suchte, wurden sie noch unerträglicher und zerrissen ihm das Herz mit tausend Martern. Er war gezwungen, sich zu entfernen, um seinem Stöhnen freien Lauf zu lassen, und er fiel auf einen Teppich nieder und lag dort lange Zeit und wand sich und flüsterte nur hin und wieder: »O Imoinda!« Als Onahal drinnen alles Notwendige verrichtet und die Tür geschlossen hatte, kam sie herbei, um zu warten, bis der König sie rufen werde, und als sie in dem anderen Raum jemanden seufzen hörte, ging sie hin und fand den Prinzen in seinem beklagenswerten Zustand, welcher ihre Hilfe zu erfordern schien. Sie flößte ihm herzstärkende Mittel ein, doch vergeblich, bis sie durch seine Seufzer und den Namen Imoinda die Ursache seines Leidens erkannte, worauf sie ihm sagte, er habe durchaus nicht soviel Anlaß, sich zu grämen, wie er glaube; denn wüßte er über den König so gut Bescheid wie sie, so würde er nicht einen Augenblick mit Eifersucht vergeuden, und sie sei gewiß, daß Imoinda in diesem Augenblick seinen Schmerz teile.

Aboan war der gleichen Meinung, und beide zusammen redeten auf ihn ein, wieder Mut zu fassen, und während sie alle auf dem Teppich saßen, sagte der Prinz Onahal so viele Artigkeiten, daß er sie halb überzeugte, seine Partei zu ergreifen. Onahal versprach ihm, seinem gerechten Verlangen soweit nachzukommen, daß sie Imoinda kundtun werde, wie treu er sei, wie er leide und was er gesagt habe.

Das Gespräch dauerte so lange, bis der König rief, was Oroonoko eine gewisse Genugtuung verschaffte, und von Hoffnung erfüllt, welche er dank Onahal gefaßt, versuchte er so heiter auszusehen, wie es einem Mann in seinen Umständen möglich war, als er wenig später mit den übrigen, die draußen warteten, hereingerufen wurde. Der König befahl Musik, und auf sein Geheiß kamen etliche junge Frauen und Nebenfrauen, um vor ihm zu tanzen, wobei sich Imoinda ihrer Rolle mit einer solchen Haltung und Anmut entledigte, daß sie alle anderen übertraf, so wie sie ihnen auch an Schönheit überlegen war, und das als Belohnung ausgesetzte Geschenk erhielt. Der Prinz wurde von Augenblick zu Augenblick mehr bezaubert von den neuen Reizen und Zierden dieser Schönen, und während er schaute und sie tanzte, hatte sich Onahal mit Aboan an ein Fenster zurückgezogen.

Diese Onahal war, wie erwähnt, eine der verabschiedeten Nebenfrauen des Königs, die (wenn ihre Schönheit dahin) zu Hüterinnen und Erzieherinnen der jungen Frauen bestellt wurden, wobei es ihre Aufgabe war, sie all die Künste der Lust zu lehren, durch welche sie vormals, als die Reihe an ihnen war, geherrscht und bezaubert hatten. Sie pflegten die triumphierenden Glücklichen aus Rache für die Ehren, welche ihnen jene geraubt, mit aller nur erdenklichen Strenge in bezug auf Freiheit und Unabhängigkeit zu behandeln; denn sie neideten ihnen jene Befriedigungen, Artigkeiten und Geschenke, welche einst sie empfangen, als sie noch jung und schön waren, und mit denen sie sich jetzt gleichsam übergangen sahen, weil nur die Blühenden damit bedacht wurden. Für eine verwelkte Schönheit gibt es gewiß nichts Schmerzlicheres, als wahrzunehmen, daß ihre Reize, die einst angebetet wurden, schwinden und den neuen Schönen jene Liebkosungen erteilt zu sehen, auf welche sie einst Anspruch gehabt, und tuscheln zu hören, wenn sie, eine ehedem berückende Frau, vorbeigeht. Die verlassenen Damen trachteten deswegen danach, sich an den blühenden Glücklichen für alle Bosheiten und Unbilden der Zeit zu rächen. Und diese Unnachsichtigkeit war es, die Oroonoko mit tausend Ängsten erfüllte, er werde niemals Onahal dazu bewegen können, daß sie ihn Imoinda besuchen ließ. Doch nun hatte sie sich, wie gesagt, mit Aboan an ein Fenster zurückgezogen.

Dieser Jüngling war nicht nur von sehr vornehmem Stand, sondern über die Maßen wohlgestalt und schön, und da er oft den König in den Otan begleitete, hatte er das Herz der ausgedienten Onahal besiegt, die nicht vergessen hatte, wie angenehm es war, verliebt zu sein. Und obgleich ihr Gesicht etwas verwelkt war, zeigt sich nichts dergleichen in ihrem Gefühl und in ihrem Geist; sie war selbst für Aboans Jugend immer noch anziehend, so daß er Gefallen daran fand, sie mit Liebesgeplauder zu unterhalten. Er wußte zudem, daß das Mittel, groß zu werden, darin bestand, diese weiblichen Günstlinge zu hofieren, da sie alle Geschäfte und Angelegenheiten bei Hofe in der Hand haben. Auch hatte er bemerkt, daß sie ihm zärtlichere und einladendere Blicke geschenkt hatte als anderen seines Ranges. Und nun, da er sah, daß ihre Gunst dem Prinzen einen so entschiedenen Gefallen erweisen konnte, versäumte er nicht, ihr ins Ohr zu seufzen, sie mit verliebten Blicken anzusehen und ihr die Hoffnung einzuflößen, daß sie keinen geringen Eindruck auf sein Herz gemacht habe. Er merkte, daß sie darüber erfreut war und ihm tausendfach entgegenkam, doch das Ende der Feier und der Aufbruch des Königs zerstreuten für diesen Tag die Gesellschaft und setzten seiner Unterhaltung ein Ende.

Aboan versäumte nicht, noch am gleichen Abend dem Prinzen von seinem Erfolg zu berichten und ihm zu sagen, wie vorteilhaft die Gefälligkeit Onahals für seinen Liebeshandel mit Imoinda sein könne. Der Prinz war hocherfreut über diese Nachrichten und bat ihn, sie, wenn möglich, so zu umschmeicheln, daß er sie vollends gewinne, was gewiß nicht ausbleiben werde, wenn er ihren Wünschen willfahre. »Denn dann«, sagte der Prinz, »ist ihr Leben in Eurer Gewalt, und sie muß Euch die Bitte gewähren, die Ihr zu meinen Gunsten vorbringt.« Aboan verstand ihn und versicherte ihm, er werde ihr so ernsthaft den Hof machen, daß es die erfahrenste Meisterin in der Liebeskunst in Verlegenheit brächte, herauszufinden, ob er heuchle oder wirklich verliebt sei. Und so erwarteten sie mit Ungeduld die nächste Gelegenheit, den Otan zu betreten.

Die Feindseligkeiten begannen, die Zeit, in den Krieg zu ziehen, rückte näher, unmöglich konnte der Prinz zögern, an der Spitze seiner Armee dem Feind entgegenzutreten, so daß ihm jeder Tag, bis er seine Imoinda sehen würde, wie ein langes, langes Jahr erschien; denn er glaubte, nicht mehr leben zu können, wenn er fortgerissen würde, ohne so glücklich gewesen zu sein. Deshalb sah der dem nächsten Besuch des Königs im Otan mit brennender Ungeduld entgegen, und seinem Wunsch gemäß brauchte er nicht lange darauf zu warten.

Die Augensprache der beiden Liebenden war nicht so verborgen geblieben, daß ein alter eifersüchtiger Liebhaber sie nicht zu erspähen vermochte, oder besser gesagt, es fehlte ihm nicht an Schmeichlern, die ihm ihre Beobachtungen mitteilten, so daß der Prinz eilends ins Feld getrieben wurde und einsah, daß dies der letzte Besuch war, den er dem Otan abstatten würde. Deshalb drängte er Aboan, aus dieser letzten Bemühung das Beste zu machen und sich Onahal auf eine Weise zu erklären, daß sie den Genuß an ihrem jungen Liebhaber nicht länger aufschieben und dem Prinzen so den Weg frei machen würde, mit Imoinda zu sprechen.

Nachdem die ganze Sache zwischen dem Prinzen und Aboan verabredet war, begleiteten sie den König wie gewohnt zu dem Otan, wo sich die ganze Gesellschaft damit begnügte, sich den Tanz und die wunderlichen lebenden Bilder anzuschauen, welche die Königsfrauen stellten, um den König zu belustigen, während Onahal Aboan beiseite nahm und ihn höchst willfährig fand, ihrem Verlangen nachzukommen. Als sie ihn an einem Ort hatte, wo sie nicht gehört zu werden glaubte, schmachtete sie ihn an und rief leise aus: »Ach Aboan! Wann werdet Ihr empfänglich sein für meine Leidenschaft? Ich gestehe sie mit meinem Munde ein, weil ich meine Augen nicht Lügen strafen möchte, und Ihr habt nur allzubald bemerkt, daß diese meine Liebesglut offenbarten. Ich möchte auch nicht, daß Ihr glaubt, ich hielte mich, weil ich die verlassene Geliebte eines Königs bin, für gänzlich aller Reize entblößt. Nein, Aboan, ich besitze immer noch einen hinreichend bestrickenden Rest an Schönheit und habe nur allzugut gelernt, zu ergötzen, um nicht begehrenswert zu sein. Ich kann immer noch Liebhaber bekommen, aber ich will keinen anderen als Aboan.« – »Madame«, erwiderte der junge Mann etwas heuchlerisch, »Ihr habt bereits in meinen Augen gelesen, daß Ihr immer noch zu erobern vermögt, und ich glaube, nur aus Erbarmen mit mir habt Ihr Euch zu diesem gütigen Geständnis herbeigelassen. Aber Worte, Madame, machen nach dem Brauch unseres Landes einen so kleinen Teil unserer Werbung aus, daß man selten eine so glückliche Gelegenheit findet, sein Herz auszuschütten, und diese wenigen Minuten, die wir haben, müssen erhascht werden zugunsten untrüglicherer Liebesbeweise als Reden und Seufzen, und nach diesen sehne ich mich.«

Er sprach in einem solchen Ton, daß sie hoffte, es sei wahr, und sich nicht enthalten konnte, es zu glauben, und da sie ganz außer sich war vor Freude, den vortrefflichsten aller Untertanen des Königs ihren Wünschen gefügig gemacht zu haben, nahm sie aus ihren Ohren zwei große Perlen und gebot ihm, sie in seinen eigenen zu tragen. Er hätte sie zurückgewiesen und ausgerufen: ›Madame, dies sind nicht die Beweise Eurer Liebe, die ich erwarte; nur eine günstige Gelegenheit, eine Stunde mit Euch allein können mich glücklich machen!‹ Doch während sie ihm die Perlen in die Hand drückte, flüsterte sie ihm leise zu: »Oh! Zweifelt nicht an der Erfindungsgabe einer Frau, wenn die Liebe sie zum Nachdenken anspornt.« Und seine Hand drückend, rief sie aus: »Heut nacht sollt Ihr glücklich werden. Kommt zu dem Tor des Orangenhains hinter dem Otan, und um Mitternacht werde ich bereit sein, Euch zu empfangen.« So wurde es verabredet, und sie verließ ihn, damit ihr Gespräch nicht bemerkt werde.

Die Damen tanzten immer noch, und der König lag auf einem Teppich und schaute ihnen mit großem Vergnügen zu, vor allem Imoinda, welche an diesem Tag, belebt durch die guten Nachrichten von des Prinzen unwandelbarer Leidenschaft zu ihr, die Onahal ihr überbracht hatte, liebreizender denn je erschien. Der Prinz lag ebenfalls auf einem Teppich am anderen Ende des Raumes, die Augen auf das Ziel seiner Seele geheftet, und wie sie sich drehte und wandte, so wandten auch diese sich, sie allein brachte Leben in seine Augen und seine Seele. Auch Imoinda gebrauchte ihre Augen zu nichts anderem, als mit unendlichem Entzücken die Freude zu beobachten, welche sie in den seinen hervorrief. Doch da sie mehr auf ihn als auf ihre Schritte achtete, widerfuhr es ihr, daß sie fiel, und so nahe vor ihm, daß er sie, mit einem ungeheuren Satz von seinem Teppich emporspringend, in seinen Armen auffing, und allen Anwesenden ward seine Freude darüber offenbar. Er drückte sie an seine Brust und vergaß völlig die Ehrfurcht, die der Geliebten eines Königs gebührt, so wie er vergaß, daß für eine solche Kühnheit die Strafe nicht ausbleibt. Wäre ihm nicht Hilfe zuteil geworden durch die Geistesgegenwart Imoindas (denn seine Sicherheit lag ihr mehr am Herzen als die ihre), die sie veranlaßte, sich aus seinen Armen zu reißen und wieder in den Tanz einzufügen, so hätte er auf der Stelle den Tod gefunden; der im höchsten Grade eifersüchtige alte König stand zornig auf, brach die ganze Belustigung ab und führte Imoinda in ihre Gemächer, worauf er dem Prinzen sagen ließ, er solle unverzüglich ins Feld rücken, und werde er noch eine Nacht am Hofe gesehen, so werde er den für solche Übeltäter verfügten Tod erleiden.

Ihr könnt euch vorstellen, wie willkommen diese Nachrichten Oroonoko waren, dessen zur Unzeit geäußerte Begeisterung und Zärtlichkeit für Imoinda von allen, die ihn liebten, getadelt wurde; er sah nun zwar seinen Fehler ein, rief jedoch aus, daß er für noch einen solchen Augenblick zufrieden sterben würde.

Der ganze Otan war über diesen Zwischenfall in Aufruhr geraten, und Onahal war besonders beunruhigt, weil von des Prinzen Verweilen ihr Glück abhing, denn sie konnte nicht hoffen, daß Aboan bleiben würde. Bevor sie aufbrachen, vereinbarten sie, daß der Prinz und er beide in dieser Nacht zu dem Orangen- und Zitronenhain hinter dem Otan kommen und dort ihre Anweisungen entgegennehmen sollten.

So schieden sie mit erklecklichem Kummer bis zur Nacht und ließen den König im Besitz des liebreizenden Mädchens zurück. Doch nichts vermochte die Eifersucht des alten Liebhabers zu beschwichtigen, er wollte sich nichts einreden lassen, sondern behauptete, Imoinda habe absichtlich einen Fehltritt getan, um Oroonoko an die Brust zu sinken, und alles sähe nach einem von beiden Seiten vorgefaßten Plan aus. Vergeblich beteuerte sie ihre Unschuld, er war alt und starrköpfig und verließ sie mehr denn halb überzeugt, daß seine Befürchtung zutreffend sei.

Als sich der König in seine eigenen Gemächer begeben hatte, schickte er hin, zu erfahren, wo der Prinz sei und ob er seinem Befehl gehorche. Der Bote kam zurück und erzählte ihm, er habe den Prinzen sinnend und für den Feldzug völlig unvorbereitet vorgefunden, er läge gleichgültig am Boden und antworte sehr wenig. Dies bestärkte den König in seiner Eifersucht, und er befahl, Oroonokos Schritte sehr aufmerksam und in aller Heimlichkeit zu beobachten, er dürfe sich nicht aus seinem Hause rühren, ohne daß nicht der eine oder andere Späher ihm folge. Als die Stunde nahte, da der Prinz zu dem Zitronenhain gehen sollte und, nur von Aboan begleitet, sein Haus verließ, wurde er also bis zum Tor des Otans belauert, wo man ihn eintreten sah und dann zurückließ, um die Kunde dem König zu überbringen.

Sobald Oroonoko und Aboan eingetreten waren, führte Onahal den Prinzen in das Gemach Imoindas, die im Bett lag und noch nichts von ihrem Glück wußte. Dort ließ Onahal den Prinzen zurück, daß er die Gelegenheit aufs beste nutze, und nahm ihren lieben Aboan mit in ihr eigenes Gemache, wo dieser seinem Prinzen im höchsten Grade seine Gefälligkeit bewies, indem er, um Oroonoko eine Möglichkeit zu geben, sich selbst von Onahal im Bett liebkosen ließ.

Der Prinz weckte leise Imoinda, die nicht wenig staunte vor Freude, ihn bei sich zu sehen, und doch in tausend Ängsten zitterte. Ich glaube, er unterließ nichts, das junge Mädchen zu überreden, sie möge es dulden, daß er sich seines Eigentums bemächtige und seine Rechte der Liebe in Anspruch nähme. Und ich glaube, sie widerstand nicht lange diesen Armen, in denen sie so sehnsüchtig zu ruhen wünschte, und da ihm alles gegeben war, Gelegenheit, Nacht und Stille, Jugend, Liebe und Verlangen, trug er bald den Sieg davon und raubte ihr in einem Augenblick, wonach sein alter Großvater so viele Monate gestrebt hatte.

Man kann sich nicht vorstellen, wie glücklich die beiden jungen Liebenden waren, mit welchen Schwüren Imoinda beteuerte, daß sie bis zu dieser Nacht ein unbeflecktes Mädchen geblieben sei und daß alles, was sie mit seinem Großvater getan, ihm nichts von ihrer jungfräulichen Ehre geraubt habe; die Götter hätten sie in ihrer Gnade und Gerechtigkeit ihrem angelobten Gatten bewahrt, dem sie von Rechts wegen gehöre.[19] Unmöglich zu schildern, welches Entzücken Oroonoko fühlte, während er einer so bezaubernden Rede von ihren geliebten Lippen lauschte und diesen Leib in die Arme schloß, nach dem er sich so lange gesehnt. Nichts bekümmerte ihn jetzt als seine jähe Trennung von ihr. Er sagte ihr, daß sie unumgänglich sei und daß er den Befehl dazu erhalten habe; aber über eine Sache werde er beruhigt scheiden; denn da der alte König bislang nicht imstande gewesen sei, ihn um jene Freuden zu bringen, welche ihm allein zustünden, so glaube er, daß es ihm in Zukunft noch weniger möglich sein werde, ihm Schimpf anzutun. Abgesehen von der Schmach des Schleiers, die keine wäre, wenn sie nicht als Frau einem anderen gehören würde, halte er sie, selbst in den Armen des Königs, für ungefährdet und unschuldig; dennoch hätte er es mit der ganzen Welt aufgenommen und alles hergegeben, was er besitze, hätte er ihr die Ehre ersparen können, den Königsschleier zu empfangen.

Auf diese Weise beklagten beide zwischen tausend Zärtlichkeiten das harte Los der Jugend und Schönheit, welche solch grausamer Begünstigung so leicht ausgesetzt ist; es war eine Ehre, die man in diesem Falle gut hätte missen können, obgleich alle jungen Frauenzimmer dieses Königreiches nach ihr verlangten und strebten.

Doch während sie so liebevoll beschäftigt waren und darüber vergaßen, wie die Zeit verrann und daß ihn die Dämmerung weit fortführen mußte von seinem einzigen Glück, hörten sie einen gewaltigen Lärm im Otan und ungewohnte Männerstimmen, worauf der Prinz aus den Armen der erschrockenen Imoinda aufsprang, zu seiner kleinen Streitaxt lief, die er stets an der Seite zu tragen pflegte, und sich, ohne daß ihm die Zeit blieb, sich anzukleiden, etlichen entgegenstellte, welche bereits die Tür zu öffnen versuchten, was sie mit solcher Gewalt taten, daß Oroonoko den Eingang nicht verteidigen konnte, sondern sich gezwungen sah, mit gebieterischer Stimme zu rufen: »Wer immer ihr seid, die ihr die Dreistigkeit besitzt, euch diesem Gemach so ungestüm zu nähern, wisset, daß ich, Prinz Oroonoko, den ersten, der es betritt, mit dem sicheren Tode dafür werde büßen lassen. Deshalb tretet zurück und wisset, daß dieser Ort heute nacht der Liebe und mir geweiht ist; morgen wird er des Königs sein.«

Das sagte er mit einer so entschiedenen und selbstsicheren Stimme, daß sie sich bald von der Tür zurückzogen, gleichwohl aber riefen: »Wir sind auf des Königs Geheiß gekommen, und deine Stimme, o Prinz, genügt uns ebenso, als wären wir eingetreten; wir können dem König berichten, daß all seine Befürchtungen zutreffen, und lassen dich für deine eigene Sicherheit sorgen, wie es dir deine Freunde raten.«

Mit diesen Worten entfernten sie sich und ließen den Prinzen einen kurzen und traurigen Abschied von seiner Imoinda nehmen, die auf die Macht ihrer Reize vertraute und glaubte, die rasende Wut eines eifersüchtigen Königs beschwichtigen zu können, wenn sie sagte, sie sei überfallen worden und er habe sich durch Waffengewalt Einlaß in ihr Gemach verschafft. Ihre ganze Sorge galt jetzt seinem Leben, und deshalb trieb sie ihn zur Eile, ins Feld zu ziehen, was ihr mit vieler Mühe gelang. Sie war auch nicht die einzige, die ihn dazu bewog, Aboan und Onahal machten geltend und überzeugten ihn, daß man mit einer Lüge recht gut erreichen werde, Imoinda zu schützen. So daß Oroonoko endlich todtraurigen Herzens, mit vergehenden Augen und seufzender Seele davonging und sich auf den Weg ins Feldlager machte.

Nicht lange danach kam der König selbst in den Otan, blickte Imoinda mit zornigen Augen an und warf ihr Verdorbenheit und Untreue vor; ihren königlichen Liebhaber bedrängend, fiel sie zu seinen Füßen nieder, mit dem Gesicht am Boden, den sie mit ihren Tränen benetzte, und flehte ihn um seine Vergebung an für eine Schuld, welche sie nicht willentlich begangen, was Onahal, die ebenfalls auf den Knien lag, bezeugen könne; ohne ihr Wissen sei er in ihr Gemach eingebrochen und habe sie geschändet. Sie sagte das alles gegen ihr Gewissen, aber um ihr eigenes Leben zu retten, war es unbedingt notwendig, diese Unwahrheit hervorzubringen. Sie wußte, daß sie dem Prinzen nicht schaden konnte, da er zu einem Kriegsheer geflohen war, das ihm beistehen würde gegen alle Ungerechtigkeiten, die über ihn hereinbrechen mochten. Gleichwohl änderte dieser neue Gedanke, daß Imoinda geschändet sei, die Rachepläne des Königs, und während er zuvor die Absicht gehabt hatte, selber ihr Henker zu sein, beschloß er nun, daß sie nicht sterben solle. Doch da es bei ihnen als das größte Verbrechen gegen die Natur galt, eine Frau zu berühren, nachdem ein Sohn, ein

Vater oder ein Bruder sie besessen, sah er in Imoinda jetzt ein beflecktes und für seine Umarmung völlig untaugliches Geschöpf; doch wollte er sie auch nicht seinem Enkel überlassen, weil sie den Königsschleier empfangen hatte. Deshalb verbannte er sie mitsamt Onahal aus dem Otan und übergab beide zuverlässigen Leuten mit dem Befehl, sie als Sklavinnen nach einem andern Land zu verkaufen, einerlei ob nach einem christlichen oder heidnischen.

Flehentlich baten sie ihn, dieses grausame Urteil, schlimmer als der Tod, umzustoßen, doch ihre Bitten fruchteten nichts, es wurde vollstreckt, und zwar in so großer Heimlichkeit, daß keiner, weder außerhalb noch innerhalb des Otans, etwas von ihrer Abwesenheit oder ihrem Schicksal erfuhr.

Dessen ungeachtet führte der alte König diese Sache mit einem guten Teil Widerstreben durch, meinte indes, er habe einen sehr großen Sieg über sich errungen, da er sich einmal entschlossen und dann seinen Entschluß in die Tat umgesetzt habe. Er glaubte jetzt, seine Liebe sei unrecht gewesen und er könne nicht erwarten, daß die Götter oder der Befehlshaber der Wolken (wie sie die unbekannte Macht nennen) ein besseres Ergebnis einer so üblen Sache dulden würden. Er begann, Oroonoko für entschuldigt zu halten und zu sagen, er habe ein Recht gehabt, zu tun, was er tat. Und nun konnten alle dem König versichern, wie leidenschaftlich Imoinda von dem Prinzen geliebt werde; selbst jene gaben es jetzt zu, die das Gegenteil behauptet hatten, als seine Liebesglut noch nicht gedämpft war. Und da der König alt und nicht fähig war, sich selbst im Krieg zu verteidigen, da ihm von seinem ganzen Geschlecht keine Söhne am Leben geblieben waren außer diesem, ihn auf seinem Thron zu erhalten, und da er in diesem Manne einen schwer Gekränkten sah, zuerst durch den Raub seiner Geliebten oder besser Frau und nun dadurch, daß sie ihm gänzlich entzogen war, weswegen er fürchtete, er könne in Verzweiflung geraten und entweder sich oder seinem alten Großvater, dem Schuldigen, etwas Grausames antun, deshalb begann nun der König überaus große Reue zu empfinden über die Schmach, welche er Imoinda in seinem Zorn angetan. Außerdem überlegte er, daß er sie in Ehren hätte töten lassen sollen für das Vergehen, wenn es eines gewesen wäre. Er hätte einem Mädchen ihres Ranges soviel Achtung und Rücksicht entgegenbringen müssen, sie edelmütig zu töten und sie nicht wie eine niedrige Sklavin zu verkaufen, die größte und allerschimpflichste Rache zu üben, der die Frauen tausendmal den Tod vorziehen und flehentlich darum bitten, wie Imoinda, der diese Ehre jedoch nicht zuteil wurde. Da er also einsah, daß Oroonoko diesen Schimpf gewiß höchst übel vermerken würde, hielt er es für gut, sich wegen seiner Übereilung irgendwie bei ihm zu entschuldigen, und zu diesem Zweck sandte er einen Boten in das Lager und trug ihm auf, er solle mit dem Prinzen über die Sache verhandeln, seine Vergebung erlangen und sich bemühen, dessen Kummer zu besänftigen; keinesfalls jedoch dürfe er ihm erzählen, daß sie verkauft worden sei, sondern solle ihm sagen, sie sei heimlich getötet worden; denn er wußte, daß er für das andere niemals des Prinzen Vergebung erlangen würde.

Als der Bote ankam, fand er den Prinzen im Begriff, gegen den Feind zu ziehen, doch sobald er von der Ankunft des Boten hörte, befahl er diesen in sein Zelt, wo er ihn umarmte und mit Freude empfing. Diese schwand jedoch bald angesichts der niedergeschlagenen Miene des Mannes, den Oroonoko sogleich nach der Ursache fragte und, ungeduldig über sein Zögern, mit tausend Fragen in einem Atemzug bestürmte, und alle betrafen Imoinda. Allein es bedurfte kaum der Antwort, denn nach den Seufzern und Blicken des Boten konnte er sich nahezu alles, was er wissen wollte, selber beantworten. Schließlich warf sich der Bote dem Prinzen zu Füßen, und indem er sie mit der ganzen Unterwürfigkeit eines Mannes küßte, der etwas zu erflehen hat, was er vorzubringen fürchtet, bat er ihn inständig, er möge in Ruhe anhören, was er ihm zu melden habe, und seinen ganzen edlen und heldischen Mut aufrufen, seinen Worten zu begegnen und sich gegen die unangenehmen Dinge zu schützen, die er berichten müsse. Oroonoko erwiderte mit einem tiefen Seufzer und matter Stimme: »Ich bin gegen die schlimmsten Angriffe Eurer Worte gewappnet – denn ich weiß, sie werden mir sagen, Imoinda ist nicht mehr – und danach könnt Ihr Euch den Rest sparen.« Dann ließ er ihn aufstehen, legte sich selbst auf einen Teppich unter dem prächtigen Zeltdach und blieb eine geraume Zeit still liegen, kaum daß man ihn seufzen hörte. Als er ein wenig zu sich gekommen war, bat der Abgesandte um die Erlaubnis, jenen Teil der Botschaft auszurichten, welchen der Prinz noch nicht erraten. Und der Prinz rief: »Ich erlaube es dir –« Darauf erzählte ihm jener, wie betrübt der alte König über die Voreiligkeit sei, die er in seiner Grausamkeit gegen Imoinda begangen, daß er sich gestatte, seine Vergebung für das Unrecht zu erbitten, und den Prinzen anflehe, er möge sein Herz nicht allzu empfindlich von diesem Verlust berühren lassen, den ihm jetzt alle Götter nicht ersetzen, sondern nur mit Ruhm wiedergutmachen könnten, nach welchem er, darum bitte er ihn, strebe, und daß der Tod, der gewohnte Rächer allen Unrechts, bald die Rechnung zwischen ihm und einem schwachen alten Mann ausgleichen werde.

Oroonoko bat ihn, seinen Herrn und Gebieter mit aller Hochachtung zu grüßen und ihm zu versichern, es sei keine Vergeltungsrechnung zwischen ihnen zu begleichen; wenn es sie gäbe, so sei er selbst der Angreifer gewesen, und der Tod werde gerecht sein und ihm ungeachtet seines Alters sein Recht verschaffen. Er sei zufrieden, seinen Anteil an Ruhm glücklicheren jungen Männern zu überlassen, welche dieser Gunst der Götter würdiger seien. Hinfort wolle er keine Waffe mehr heben noch einen Bogen spannen, sondern die geringen Reste seines Lebens Seufzern und Tränen preisgeben und den immerwährenden Gedanken an das, was sein Gebieter und Großvater für gut erachtet, in all dieser Jugend, Unschuld und Schönheit aus der Welt zu schaffen.

Nachdem er also gesprochen, vermochten seine hervorragendsten Offiziere und besten Krieger, wessen sie auch sonst imstande waren, ihn nicht von seinem Teppich hochzubringen, ihn zum Handeln zu überreden und ihm Lebensmut einzuflößen; er befahl allen, sich zurückzuziehen, und schloß sich den ganzen Tag in seinem Zelt ab, während der Feind zum Angriff bereit war. Erstaunt über den Verzug wandte sich der ganze Stab des Heerführers an ihn; doch nur mit großer Mühe erlangten sie Zutritt. Sie ließen sich am Fußende seines Teppichs mit dem Gesicht zu Boden fallen und ersuchten ihn mit inbrünstigen Bitten und Tränen, sie in die Schlacht voranzuführen und den Feind keine Vorteile über sie gewinnen zu lassen, und sie flehten ihn an, seinen Ruhm und die Welt zu bedenken, die von seinem Mut und seinem Verhalten abhingen. Auf all ihre Bitten aber antwortete er nur, mit Ruhm habe er nichts zu schaffen, und was die Welt anginge, so sei sie ein Tand und seiner Mühe nicht wert. »Geht«, fuhr er seufzend fort, »und teilt sie unter euch auf; erntet mit Freuden, was ihr so töricht preist, und überlaßt mich meinem willkommeneren Schicksal.«

Darauf fragten sie ihn, was sie tun sollten und wen er an seiner Statt einsetzen wolle, damit die Vermengung von ehrgeiziger Jugend und Macht nicht ihre Ordnung zerstöre und sie zur Beute des Feindes mache. Er antwortete, er selbst wolle sich nicht die Mühe machen, aber er wünsche, daß sie den Tapfersten unter sich erwählten, einerlei welchen Ranges oder welcher Herkunft.[20] »Denn, o meine Freunde«, sagte er, »nicht Titel machen die Männer tapfer oder tüchtig, noch ist es so, daß Herkunft Mut und Hochherzigkeit verleiht oder glücklich macht. Glaubt es mir, da ihr Oroonoko als den Unglücklichsten, vom Glück Verlassensten in der ganzen Schöpfung der Götter seht.«

Damit drehte er sich um und gab keine Antwort mehr, wie sie auch drängen und flehen mochten.

Als das Kriegsheer seine Offiziere erfolglos zurückkehren sah, traurigen Gesichts und unheilverkündenden Blicks, die nichts Gutes verhießen, litt es tausend Ängste, ob es ihnen gelingen werde, Mut zu fassen, und ob nicht womöglich der Feind über sie herfallen werde, ehe sie durch irgendwelche Verteidigungsmaßnahmen für ihre Sicherheit gesorgt hätten, und obwohl etliche gesonnen waren, sie aufzumuntern, und ihnen beteuerten, der Prinz werde sich sogleich an ihre Spitze setzen, und unterdessen solle auf sein Geheiß Aboan sie als Heerführer befehligen, waren sie doch so bestürzt über das Ausbleiben jenes überragenden Beispiels an Tapferkeit, daß sie nur sehr schwachen Widerstand zu leisten vermochten und am Ende einfach vor dem Feind flohen, der sie mordend bis zu den Zelten verfolgte. Nicht einmal der Mut Aboans, welcher an diesem Tag unsterblichen Ruhm errang, konnte sie durch Beschämung zu mannhafter Selbstverteidigung treiben. Als die an des Prinzen Zelt zurückgelassenen Wachen die Krieger vor dem Feind fliehen und sich in großer Unordnung über die ganze Ebene zerstreuen sahen, erhoben sie ein solches Geschrei, daß sie den Prinzen aus seinem Schlummer weckten, in welchem er seit zwei Tagen aus Liebesschmerz lag. Er hatte nicht einmal erlaubt, daß ihm irgendwelche Nahrung gereicht würde. Doch ungeachtet all seiner Entschlüsse war er nicht bis zu einem solchen Grade beharrlich in seinem Schmerz, daß er unempfindlich geworden wäre gegen die Gefahr, in welcher sich sein

Kriegsheer befand, und augenblicklich sprang er von seinem Lager auf und rief: »Wohlan, wenn wir sterben müssen, so laßt uns dem Tod auf die edelste Weise begegnen, und es wird Oroonoko ähnlicher sein, ihm an der Spitze eines Kriegsheeres zu begegnen, während er sich dem Strom des siegenden Feindes entgegenstellt, als müßig auf einem Lager sein säumiges Belieben zu erwarten und jeden Augenblick an tausend quälenden Gedanken zu sterben oder zahm von einem Feind gefangengenommen und als weinerlicher, liebeskranker Sklave abgeführt zu werden, die Triumphe Jamoans zu verschönen, jenes jungen Siegers, der bereits über die Grenzen gedrungen ist, welche ich ihm gesteckt.«

Während er also sprach, ließ er sich von seinen Dienern zum Kampf ankleiden, und als er dann aus seinem Zelt hinausstürmte, mehr Lebenswillen und Lebenskraft im Antlitz, als er je gezeigt, glich er einer göttlichen Macht, welche herabgestiegen, sein Land vor der Vernichtung zu retten; denn seine Diener hatten ihn absichtlich mit allem geschmückt, was angetan war, ihn in größerer Herrlichkeit erglänzen zu lassen, um jedem, der ihn sah, ehrfurchtsvolle Scheu einzuflößen. Er stürzte sich in das dickste Gewühl derer, die seine Männer verfolgten, und da ihn die Verzweiflung anspornte, kämpfte er, als suche er den Tod, und vollbrachte Dinge, von denen man nicht glauben möchte, daß Menschenkraft sie zu leisten vermag, und ebensorasch flößte er allen übrigen neuen Mut ein und stellte die Ordnung wieder her. Nun begannen sie wirklich zu kämpfen, und so, als wollten sie sich nicht einmal von ihrem angebeteten Helden überbieten lassen, der das Glück des Sieges wandte, das Geschick dieses Tages völlig änderte und einen uneingeschränkten Sieg errang. Und da es Oroonoko gelang, Jamoan abzusondern, nahm er ihn eigenhändig gefangen, nachdem er ihn fast zu Tode verwundet hatte.

Dieser Jamoan wurde ihm später sehr teuer, da er ein ungemein tapferer Mann von erlesenem Anstand und vortrefflichsten Fähigkeiten war, deshalb reihte er ihn nicht, wie sie es ohne Unterschied zu tun pflegten, unter die Gefangenen für den üblichen Verkauf oder Markt ein, sondern behielt ihn an seinem eigenen Hof, wo er nur noch dem Namen nach ein Gefangener war. Er kehrte nicht mehr in sein eigenes Land zurück, eine so große Zuneigung faßte er zu Oroonoko. Durch tausend Geschichten und Abenteuer der Liebe und der Tapferkeit erfreute er Oroonoko in seinem Schwermuts- und Sehnsuchtsleiden, das ihn, wie ich ihn oft sagen hörte, zweifellos getötet hätte, wären nicht die Gespräche mit diesem Prinzen und Aboan gewesen sowie mit dem französischen Erzieher, den er, wie ich schon erwähnte, seit seiner Kindheit um sich hatte und der ein Mann von bemerkenswertem Geist, großer Begabung und Gelehrsamkeit war und seinem Schüler all seine Vorzüge mitgeteilt hatte. Dieser Franzose war wegen irgendwelcher ketzerischen Ansichten, die er hegte, aus seinem Vaterland verbannt worden, und obgleich er ein Mann von sehr geringer Frömmigkeit war, besaß er eine erstaunliche Moral und eine kühne Seele.

Nach der völligen Niederlage von Jamoans Heer, das floh oder tot am Platze blieb, verweilten Oroonokos

Scharen noch eine geraume Zeit im Feldlager, weil Oroonoko lieber inmitten seiner Zelte bleiben als einen Palast betreten oder an einem Hof leben wollte, wo er erst unlängst einen so großen Verlust erlitten. Die Offiziere, welche die Ursache seines Mißvergnügens entdeckten oder kannten, ersannen daher allerlei Zeitvertreib und Kurzweil, ihren Prinzen zu unterhalten, so daß dank solcher Vergnügungen im Freien und anderer daheim, das heißt innerhalb der Zelte, dank der Überredungen, Argumente und der Fürsorge seiner Freunde und besonders geschätzter Diener mit der Zeit ein großer Teil jenes Kummers und jener Verzweiflungsqual schwanden, welche die ersten Eindrücke vom Tode Imoindas in ihm hervorgerufen hatten, so daß er, nachdem er von dem König tausend gütige Botschaften und die Aufforderung erhalten hatte, an den Hof zurückzukehren, gehorchte, wenn auch mit nicht geringem Widerstreben, und dann, als er es tat, eine sichtliche Veränderung erkennen ließ und lange Zeit schwermütiger war als zuvor. Doch die Zeit mindert alle Übertreibungen und reduziert sie auf das Mittelmaß und die Gleichgültigkeit; gleichwohl vermochte ihn keine andere Schönheit, wie auch alle danach strebten, zu irgendeinem Liebeshandel zu bewegen, obgleich ihn alles dazu einlud; seine eigene Jugend und der Ehrgeiz und die Pläne anderer.

Kaum war Oroonoko von seinem letzten Sieg heimgekehrt und am Hofe mit all jener Freude und Pracht empfangen worden, welche einem jungen Sieger bezeigt werden konnten, der nicht nur triumphierend, sondern wie eine Gottheit geliebt zurückkehrt, als ein englisches Schiff im Hafen einlief.

Der Kapitän war zuvor schon oft in dieser Gegend gewesen und Oroonoko, mit dem er, wie auch mit dessen Vorgängern, Sklavenhandel betrieben hatte, wohlbekannt.

Es war ein Mann von gefälligerem Anstand und feinerer Lebensart, besser erzogen und einnehmender als die meisten dieses Menschenschlages, so daß er eher den Eindruck erweckte, als sei er an einem Hofe aufgewachsen denn sein Lebtag zur See gefahren. Deshalb wurde dieser Kapitän am Hofe stets besser empfangen als die meisten Händler, die in diese Gegend kamen, und vor allem von Oroonoko, der auf europäische Art zivilisierter war als irgendein anderer und auch mehr Gefallen an den Völkern der Weißen fand, und besonders an Männern von Talent und Verstand. Er verkaufte dem Kapitän eine große Menge seiner Sklaven, machte ihm in seiner Gewogenheit und Wertschätzung viele Geschenke und nötigte ihn, so lange wie möglich am Hofe zu verweilen. Der Kapitän schien diese Einladung als eine sehr hohe Ehre anzunehmen, welche man ihm erwies; jeden Tag unterhielt er den Prinzen mit Globen, Landkarten, mathematischen Abhandlungen und Instrumenten, und er aß, trank, jagte und lebte mit ihm in so vertrautem Umgang, daß kein Zweifel darüber bestand, wie sehr er das Herz dieses tapferen jungen Mannes gewonnen hatte. Zum Dank für all diese übergroßen Gunstbeweise bat der Kapitän den Prinzen, den einen oder anderen Tag sein Schiff, ehe er Segel setzte, zum Dinner mit seinem Besuch zu beehren, wozu sich Oroonoko herbeiließ und einen Tag bestimmte. Der Kapitän versäumte seinerseits nicht, alles auf die herrlichste Weise, die ihm möglich war, vorzubereiten, und als der Tag gekommen war, ruderte er in seinem reich mit Teppichen und Samtkissen geschmückten Boot zum Strand, um den Prinzen zu empfangen, gefolgt von einer Pinasse mit all seinen Musikanten und Trompetern, über die Oroonoko höchst entzückt war, als er in Begleitung seines französischen Erziehers, Jamoans, Aboans und ungefähr hundert der vornehmsten jungen Männer am Hofe zum Strand kam. Und nachdem sie zuerst den Prinzen an Bord gebracht hatten, holten die Boote alle übrigen auf das Schiff, wo sie ein überaus prächtiges Mal vorfanden, mit jederlei köstlichen Weinen, und wo sie unterhalten wurden, so gut es an einem solchen Ort möglich ist.

Da der Prinz wie alle anderen tüchtig Punsch und mehrere Sorten Wein getrunken hatte (denn es wurde nachdrücklich dafür gesorgt, daß es ihnen an diesem Teil der Bewirtung nicht fehle), war er sehr fröhlich und voll großer Bewunderung für das Schiff, denn er war noch nie auf einem gewesen und daher neugierig, jede Örtlichkeit zu besichtigen, zu welcher er schicklicherweise hinuntersteigen konnte. Die anderen, die nicht weniger neugierig, aber nicht ganz so berauscht waren, streiften zu ihrem Vergnügen umher, wohin sie der Einfall führte. Als dann der Kapitän, der sich seinen Plan vorher gut zurechtgelegt hatte, den Befehl gab, all seine Gäste zu ergreifen, schnappten plötzlich schwere Eisenfesseln um den Prinzen, da er eben in den Laderaum hinabsprang, um sich diesen Teil des Schiffes anzuschauen, und er wurde fest an den Boden geschlossen und gesichert. Der gleiche Verrat wurde an allen anderen geübt, alle wurden an den verschiedenen Stellen des Schiffes im gleichen Augenblick rasch in Eisen geschlossen und durch diese Heimtücke in die Sklaverei gebracht.[21] Nachdem der große Plan gelungen war, griffen alle Mann zu, die Segel zu hissen, und mit einem ebenso verräterischen wie günstigen Wind stachen sie mit ihrer arglosen und kostbaren Beute, die an nichts weniger als an eine solche Bewirtung gedacht hatte, in See.

Manche haben diese Tat des Kapitäns als kühn gerühmt; meine Ansicht darüber will ich mir ersparen und es meinem Leser überlassen, nach seinem Belieben darüber zu urteilen. Man wird leicht erraten können, auf welche Weise diese Schändlichkeit von dem Prinzen verübelt wurde, den man am besten mit einem im Netz gefangenen Löwen vergleichen konnte, so sehr wütete und kämpfte er um die Freiheit; doch alles vergeblich, und seine Fesseln waren so gescheit angebracht worden, daß er keine Hand zur Gegenwehr gebrauchen konnte, sich selbst um ein Leben zu bringen, das keinesfalls die Sklaverei erdulden wollte; auch konnte er sich von der Stelle, wo er angebunden war, nicht zu einem massiven Schiffsteil rühren, wo er sich den Kopf hätte einschlagen und auf diese Weise seiner Schmach ein Ende machen können. Aller anderen Mittel beraubt, beschloß er daher, an Nahrungsmangel zu sterben, und endlich beruhigt durch diesen Gedanken, erschöpft und ermüdet von Zorn und Empörung, legte er sich nieder und lehnte, zum Sterben entschlossen, alles ab, was ihm gebracht wurde.

Das beunruhigte den Kapitän nicht wenig und um so mehr, als er merkte, daß fast alle in der gleichen Laune waren, so daß der Verlust so vieler tapferer, hochgewachsener und ansehnlicher Sklaven höchst beachtlich gewesen wäre. Deshalb befahl er einem, in seinem Namen (denn er selbst wollte sich nicht blicken lassen) zu Oroonoko zu gehen und ihm zu versichern, daß es ihn betrübe, unbedachterweise eine so ungastliche Tat begangen zu haben, die jetzt nicht wiedergutgemacht werden könne, da sie sich weit von der Küste entfernt hätten; doch da er diese Tat auf eine so heftige Weise verübele, versichere er ihm, daß er seinen Entschluß widerrufen und sowohl ihn wie seine Freunde in dem nächsten Land, das sie anliefen, von Bord bringen werde, darauf gäbe er ihm seinen Eid, sagte der Bote, vorausgesetzt, sie entschlössen sich weiterzuleben. Und Oroonoko, dessen Rechtschaffenheit so war, daß er nie in seinem Leben ein Wort gebrochen hatte, noch viel weniger eine feierliche Versicherung, glaubte augenblicks, was dieser Mann sagte, erwiderte jedoch, als Bestätigung dessen erwarte er, daß ihm seine Fesseln abgenommen würden. Diese Forderung wurde dem Kapitän überbracht, der darauf folgende Antwort gab: Der Schimpf, welchen er dem Prinz angetan, sei so groß, daß er ihm nicht die Freiheit zu schenken wage, solange er auf dem Schiff sei, damit er nicht mit der ihm eigenen Kühnheit und aus einem Rachegefühl, das diese Kühnheit ansporne, ein für ihn selbst wie auch für den König, seinen Gebieter, welchem dieses

Schiff gehöre, verhängnisvolles Verbrechen begehe. Darauf entgegnete Oroonoko, er verspreche bei seiner Ehre, sich auf freundliche Art und Weise zu betragen und den Befehlen des Kapitäns zu gehorchen, da dieser ja der Herr über das dem König gehörende Schiff sei und der Befehlshaber über alle unter seinem Kommando stehenden Männer.

Dies wurde dem immer noch argwöhnischen Kapitän übermittelt, der sich, wie er sagte, nicht entschließen konnte, einem Heiden, einem Mann, welcher keine Kenntnis, keinen Begriff habe von dem Gott, den er verehre, auf sein Wort zu vertrauen. Oroonoko antwortete, es betrübe ihn sehr, zu hören, daß der Kapitän die Bekanntschaft und Verehrung irgendwelcher Götter vorschütze, welche ihn keine besseren Grundsätze gelehrt hätten, als nicht so zu vertrauen, wie ihm vertraut werde. Es wurde ihm jedoch gesagt, die Verschiedenheit ihres Glaubens sei die Ursache dieses Mißtrauens; denn der Kapitän habe bei dem Wort eines Christen gelobt und im Namen eines großen Gottes geschworen, und wenn er das verletzen sollte, werde er ewige Martern in der künftigen Welt zu erwarten haben. »Ist das seine ganze Verpflichtung, seinem Schwur getreu zu sein?« erwiderte Oroonoko. »Sagt ihm, ich schwöre bei meiner Ehre, und wenn ich die verletzte, würde ich mich nicht nur verächtlich und allen tapferen und ehrlichen Menschen zum Abscheu machen und mir damit selber immerwährende Qual bereiten, sondern es wäre ein ewiger Schimpf und ein ewiges Ärgernis für die ganze Menschheit, es würde Schaden, Verrat, Betrug und Schmach für alle Menschen bedeuten. Künftige Strafen muß man jedoch allein erleiden, und die Welt weiß nicht, ob dieser Gott sie gerächt hat oder nicht, es geschieht so heimlich und wird so lange aufgeschoben; ein Mann ohne Ehre dagegen erduldet jeden Augenblick die Geringschätzung und Verachtung der ehrlicheren Welt und stirbt jeden Tag schimpflich an seinem Ruf, der kostbarer ist als das Leben. Ich sage das nicht, um Vertrauen zu erwecken, sondern um Euch zu zeigen, wie Ihr Euch täuscht, wenn Ihr Euch einbildet, wer seine Ehre verletzt, halte seinen Göttern Wort.« Und er wandte sich mit verächtlichem Lächeln ab und verweigerte die Antwort, als der Bote in ihn drang, zu erfahren, welche Erwiderung er seinem Kapitän bringen solle, so daß der Bote, ohne noch etwas zu sagen, davonging.

Nachdem der Kapitän überlegt und beratschlagt hatte, was zu tun sein, entschied man, daß allein Oroonokos Freilassung die anderen anspornen würde zu essen, abgesehen von dem Franzosen, denn der Kapitän durfte sich nicht anmaßen, ihn als Gefangenen zu behalten, sondern erzählte ihm, er sei in Gewahrsam genommen worden, weil er andernfalls etwas zugunsten des Prinzen unternehmen könnte; sobald sie jedoch an Land kämen, sollte er freigelassen werden. Deshalb wurde es für unerläßlich gehalten, den Prinzen von seinen Fesseln zu befreien, auf daß er sich den anderen zeige. Sie konnten ein Auge auf ihn haben und brauchten einen einzelnen nicht zu fürchten.

Als dies beschlossen war, ging der Kapitän, um die Verpflichtung noch gewichtiger zu machen, selber zu Oroonoko, wo er nach vielen Höflichkeiten und Beteuerungen des bereits Versprochenen des Prinzen Wort und seine Hand darauf empfing, sich gut zu betragen, ihn von seinen Eisen erlöste und in seine eigene Kabine führte. Nachdem er ihn bewirtet und eine Weile hatte ruhen lassen (denn er hatte vier Tage lang weder gegessen noch geschlafen), ersuchte er ihn, die widerspenstigen Gefesselten zu besuchen, welche jederlei Nahrung verweigerten, und bat ihn, er möge sie zwingen zu essen und ihnen versichern, daß sie bei erster Gelegenheit ihre Freiheit wiedererlangen würden.

Oroonoko war zu hochherzig, um seinen Worten keinen Glauben zu schenken, und zeigte sich seinen Leuten, die beim Anblick ihres geliebten Prinzen überwältigt waren vor unmäßiger Freude, ihm zu Füßen fielen, ihn küßten und umarmten und an alles, was er ihnen sagte, wie an ein göttliches Orakel glaubten. Er ersuchte sie, ihre Ketten mit jener Tapferkeit zu tragen, wie sie Männern gezieme, welche er so hervorragend in Waffen gesehen; sie könnten ihm keine größeren Beweise ihrer Liebe und Freundschaft geben, da dies die ganze Sicherheit wäre, die dem Kapitän (seinem Freund) gegen die Rache gegeben sei, die sie, wie jener meine, möglicherweise mit Recht für die von ihm erlittenen Kränkungen nehmen könnten. Und alle beteuerten ihm einstimmig, wenn es um seine Ruhe und Wohlfahrt ginge, könnten sie gar nicht genug erdulden.

Danach weigerten sie sich nicht mehr zu essen, sondern nahmen zu sich, was ihnen gebracht wurde, und waren zufrieden über ihre Gefangenschaft, weil sie dadurch den Prinzen loszukaufen hofften, der den Rest der Reise über mit der ganzen, seiner Herkunft gebührenden Achtung behandelt wurde, obgleich nichts seine Schwermut vertreiben konnte und er oft nach Imoinda seufzte und alles, was ihm widerfahren war, als eine Strafe dafür erachtete, daß er in jener verhängnisvollen Nacht, als er ins Feldlager geflohen, das edle Mädchen unglücklicherweise im Otan zurückgelassen hatte.

Erfüllt von tausend Gedanken an vergangene Freuden mit diesem schönen jungen Mädchen und tausend Schmerzen um ihren Verlust auf ewig, ertrug er diese langwierige Reise und gelangte endlich zur Mündung des Flusses in Surinam[22], einer Kolonie des englischen Königs, wo ein Teil der Sklaven ausgeliefert werden sollte. Die dort ansässigen Händler und Gentlemen gingen an Bord, unter ihnen auch die Aufseher jener Pflanzungen, auf denen ich mich damals zufällig aufhielt, um die bereits vereinbarten Sklavenmengen anzufordern. Der Kapitän, der sein Wort gegeben hatte, befahl seinen Männern, jene vornehmen Sklaven, von welchen ich gesprochen, in Fesseln heraufzubringen, und nachdem er sie zusammen mit Frauen und Kindern (die man Piccaninies nennt[23]) eingeteilt hatte, verkaufte er sie als Sklaven an etliche Händler und Gentlemen, wobei er darauf achtete, sie nur einzeln zuzuteilen, denn man legte Wert darauf, sie weit voneinander zu trennen, und wagte ihnen nicht zu trauen, wenn sie beisammen waren, aus Furcht, Zorn und Kühnheit könnten sie auf den Gedanken bringen, eine große Tat zum Verderben der Kolonie zu planen.

Oroonoko wurde als erster ergriffen und an unseren Aufseher verkauft, dem mit siebzehn weiteren Sklaven aller Art und Größe, aber keineswegs von Oroonokos hohem Wert, der erste Trupp zugeteilt wurde. Als Oroonoko das sah, war ihm klar, was es zu bedeuten hatte, denn ich sagte schon, daß er Englisch recht gut verstand; doch da er völlig unbewaffnet und wehrlos war, weswegen jeder Widerstand vergeblich gewesen wäre, sah er den Kapitän nur mit einem über die Maßen grimmigen und verächtlichen Blick an, wobei die Vorwürfe aus seinen Augen Schamröte in die Wangen des Schuldigen trieben, und rief nur, als er von Bord ging: »Lebt wohl, Sir! Eine so wahre Erkenntnis Euer und Eurer Götter, bei denen Ihr schwört, ist mir meine Leiden wert!« Und da er jenen, die ihn festhielten, die Mühe ersparen wollte, sagte er ihnen, daß er keinen Widerstand leisten werde, und rief sodann: »Wohlan, meine Brüder in der Sklaverei, laßt uns hinabsteigen und sehen, ob wir nicht in der nächsten Welt, in die wir kommen, mehr Ehrgefühl und Redlichkeit antreffen.« Damit sprang er behende in das Boot und ließ sich, ohne weitere Teilnahme zu bezeigen, mit seinen siebzehn Gefährten den Fluß hinaufrudern.

Der Sklavenaufseher, der ihn gekauft hatte, war ein junger Gentleman aus Cornwall namens Trefry[24], ein Mann von großem Geist und vortrefflichem Wissen, den der Lord-Governor hergebracht hatte, seine ganzen Geschäfte zu verwalten. Da er über die letzten Worte Oroonokos an den Kapitän nachgedacht und seine prächtige Kleidung bemerkt hatte, richtete er seine Augen auf Oroonoko, sobald dieser im Boot war;

und er gewahrte in seinem Gesicht und seiner Haltung etwas Ungewöhnliches, eine Würde in seiner ganzen Erscheinung und einen erhabenen Stolz in seinem Gebaren. Zudem hatte er vernommen, daß er englisch sprach, weswegen er darauf brannte, sich nach seinem Stand und seinem Geschick zu erkundigen, und obgleich Oroonoko beides zu verheimlichen suchte und nur einräumte, daß er im Range über den gewöhnlichen Sklaven stehe, fand Trefry bald heraus, daß er vornehmer war, als er zugab, und brachte ihm von diesem Augenblick an eine so ungeheure Achtung entgegen, daß er ihn seitdem wie einen überaus teuren Bruder liebte und ihm alle einem so großen Manne gebührenden Artigkeiten erwies.

Trefry war ein sehr guter Mathematiker und Linguist, sprach französisch und spanisch und unterhielt während der drei Tage, die sie im Boot verbrachten (denn so lange brauchten sie vom Schiff bis zu der Pflanzung), Oroonoko so angenehm mit seiner Kunst und seinem Gespräch, daß der Prinz nicht weniger Gefallen an Trefry fand als dieser an dem Prinzen und sich zumindest darin für glücklich erachtete, daß er, wenn nun schon einmal Sklave, solange erdulden würde, es zu bleiben, wie er einen Mann von so hervorragendem Geist und so ausgezeichneten Fähigkeiten zum Herrn hatte. Daher trug er auch keine Bedenken, Trefry, noch ehe sie ihre Reise stromauf beendet hatten, mit all seinen Geschicken und dem größten Teil dessen, was ich hier erzählt habe, bekannt zu machen und sich völlig in die Hand seines neuen Freundes zu geben, dem er ansah, wie übel er all die ihm angetanen

Kränkungen vermerkte und wie entzückt er war über die Hochherzigkeit seiner Handlungen, über die er mit solcher Bescheidenheit und solchem Feingefühl berichtete, daß sie Trefry vollends besiegten und zu seinen Gunsten stimmten. Trefry versprach ihm, auf sein Wort und seine Ehre, er werde Mittel und Wege finden, ihn in seine Heimat zurückzuführen, und versicherte ihm, daß ihn eine so schimpfliche Tat mit gewaltigem Abscheu erfülle und daß er lieber gestorben wäre, als einen solchen Verrat zu begehen. Er merkte, daß dem Prinzen sehr viel daran lag, zu erfahren, was aus seinen Freunden geworden sei und wie sie ihre Sklaverei erduldeten, und versprach ihm, er werde versuchen, sich über ihre Lage zu unterrichten, und ihm dann darüber Bescheid zu geben.

Obgleich Oroonoko, wie er später sagte, wenig Anlaß hatte, den Worten eines *Backearary*, eines Weißen, Glauben zu schenken, fand er gleichwohl, er wußte nicht warum, in Trefrys Gesicht eine gewisse Lauterkeit und Ehrfurcht gebietende Wahrhaftigkeit, er sah Aufrichtigkeit in seinen Augen und hielt ihn für gescheit und geistreich genug, Ehre zu begreifen; denn eine seiner Lebensregeln war, ein Mann von Geist könne kein Spitzbube oder Schurke sein.

Während ihrer Fahrt den Fluß hinauf kehrten sie in etlichen Häusern zu einem Imbiß ein, und jedesmal, wenn sie landeten, strömten unzählige Menschen herbei, diesen Mann zu sehen; wohl wurden ihre Augen täglich mit dem Anblick von Sklaven ergötzt, aber Oroonoko war sein Ruf vorausgeeilt, und alle bewunderten seine Schönheit. Überdies trug er, so verschieden von den anderen, ein kostbares Gewand; in ihm war er gefangengenommen worden, und der Kapitän hatte es ihm nicht ausziehen können, da er ihn, als er ihn verkaufte, notgedrungen überrumpeln mußte. Sobald Oroonoko merkte, daß seine Kleidung, wie er meinte, angetan sei, ihn um so mehr anzustarren, bat er Trefry, ihm etwas einem Sklaven Angemesseneres zu geben, was dieser auch tat, worauf er sein Gewand ablegte. Gleichwohl brach sein Glanz durch alles hindurch, und seine *Osenbrigs*[25] (ein Anzug aus wenig gebleichter Leinwand, den er jetzt trug) konnten weder die Schönheit seines Äußeren noch seinen Anstand verbergen, und er hatte nicht weniger Bewunderer, als er in seinem blendenden Aufzug gehabt. Der königliche junge Mann war auch als Sklave unverkennbar, und unwillkürlich konnten die Leute nicht umhin, ihn auf andere Weise zu behandeln. Kaum in seine Nähe gelangt, verehrten und achteten sie ihn schon; unmerklich geboten seine Augen Ehrerbietung, und sein Verhalten flößte diese jedermanns Seele ein. Deshalb war die Rede von nichts anderem als diesem jungen und tapferen Sklaven, selbst bei jenen, die noch nicht wußten, daß er ein Prinz war.

Ich müßte nun erwähnen, daß die Christen niemals Sklaven kaufen, ohne ihnen irgendeinen neuen Namen zu geben, da die ursprünglichen vermutlich sehr barbarisch klingen und schwer auszusprechen sind; deshalb gab Mr. Trefry Oroonoko den Namen Cäsar[26], der in diesem Lande so lange leben wird wie der kaum berühmtere jenes großen Römers; denn es ist durchaus ersichtlich, daß es dem Prinzen in keiner Weise an dem persönlichen Mut jenes Cäsar mangelte und daß er ebenso denkwürdige Dinge vollbrachte, nur nicht in einem Teil der Welt, wo ihm eine Fülle von Geschichtsschreibern und anderen Leuten hätten geben können, was ihm gebührte. Sein Unglück war, daß er in einer unbedeutenden Welt fiel, welche nur die Feder eines Frauenzimmers zu bieten hatte, seinen Ruhm zu verherrlichen, obgleich ich nicht daran zweifle, daß er noch durch anderer Bemühungen fortgelebt hätte, wenn nicht die Niederländer, die unmittelbar nach dieser Zeit das Land eroberten, all jene getötet, verbannt und zerstreut hätten, welche fähig gewesen wären, der Welt das Leben dieses großen Mannes viel besser wiederzugeben, als ich es getan. Und Mr. Trefry, der sich mit der Absicht trug, starb, ehe er damit begonnen hatte, und grämte sich darüber, es nicht rechtzeitig unternommen zu haben.

In Zukunft muß ich Oroonoko also Cäsar nennen, da er in unserer westlichen Welt nur unter diesem Namen bekannt war und unter diesem auch an Land im Parham House[27] empfangen wurde, wohin er als Sklave bestimmt war. Doch wenn der König selbst[28] (Gott segne ihn!) gelandet wäre, hätten die ganze Pflanzung sowie die benachbarten ihm nicht mit größerer Erwartung entgegensehen können, als es damals bei uns der Fall war; und er wurde eher wie ein Gouverneur denn als ein Sklave empfangen; dessenungeachtet wies man ihm, wie es Sitte war, sein Stück Land, sein Haus und seine Arbeit auf der Pflanzung zu. Allerdings geschah das mehr der Form halber als in der Absicht, ihn zur Arbeit zu zwingen; er hatte vom Sklaven nicht mehr zu erdulden als den Namen und blieb etliche Tage im Hause, wo er alle Besuche empfing, die ihm abgestattet wurden, ohne jenen Teil der Pflanzungen aufzusuchen, wo sich die Neger befanden.

Am Ende wollte er jedoch unbedingt sein Stück Land, sein Haus und die ihm zugewiesene Arbeit in Augenschein nehmen. Doch kaum kam er zu der Sklavensiedlung, die wie eine kleine Stadt für sich ist, als alle Neger ihre Arbeit verließen und herbeieilten, um ihn zu sehen, und da entdeckten sie nun, daß er jener Prinz war, welcher die meisten von ihnen zu verschiedenen Zeiten in diese Gegenden verkauft hatte. Und in der Verehrung, die sie großen Männern zollen, vor allem, wenn sie ihnen bekannt sind, und vor Staunen und heiliger Scheu, mit denen sein Anblick sie erfüllte, warfen sie sich ihm zu Füßen und riefen in ihrer Sprache: »Heil dem König! Lang lebe, o König!« und küßten seine Füße und huldigten ihm ganz so wie einem Gott.

Mehrere englische Gentlemen waren mit ihm, und hier fanden sie nun bestätigt, was ihnen Mr. Trefry erzählt hatte und wofür dieser zuvor keinen anderen Zeugen gehabt hatte als Cäsar selbst, doch freute er sich über die Maßen, seine Hoheit durch die Anbetung aller Sklaven bekräftigt zu sehen. Verwirrt über ihre unmäßige Freude und Feierlichkeit bat Cäsar sie, aufzustehen und ihn als ihresgleichen zu empfangen, und versicherte ihnen, daß er nichts Besseres sei als ein Sklave. Darüber erhoben sie wie aus einem Munde ein höchst schreckliches und ungemein gräßliches Trauer- und Klagegeschrei, das der Prinz und die Engländer nur mit großer Mühe zu beschwichtigen vermochten, doch am Ende gelang es ihnen, worauf die Sklaven mit ihrer barbarischen Musik begannen und ein jeglicher etwas von seinem eigenen Vieh schlachtete und zubereitete (denn jede Familie besaß ihr Stück Land für sich, auf dem sie in ihrer Freizeit allerlei Eßbares züchtete), und nachdem all das zu einem über die Maßen prächtigen Mahl zusammengefügt war, baten sie ihr erlauchtes Oberhaupt, ihren Prinzen, sie mit seiner Anwesenheit zu beehren, was er auch tat, und mit ihm mehrere Engländer. Und alle warteten ihm auf, etliche spielten, andere tanzten die ganze Zeit vor ihm nach den Bräuchen ihrer verschiedenen Volksstämme, und alle bemühten sich mit unermüdlichem Eifer, ihn zu unterhalten und zu ergötzen.

Während sie beim Mahl saßen, erzählte Mr. Trefry Cäsar, daß die meisten dieser jungen Sklaven außer sich vor Liebe wären zu einer schönen Sklavin, die etwa seit sechs Monaten in ihrem Land lebe. Der Prinz, der nie das Wort Liebe ohne einen Seufzer hören und nichts davon vernehmen konnte ohne Neugier, eine solche Geschichte weiterzuerforschen, da sie ihm von allen Gesprächen das angenehmste war, fragte, wie es zugehe, daß alle so unglücklich wären, sich für eine einzige schöne Sklavin zugrunde zu richten. Trefry, der von Natur aus verliebt war und so gern wie nur irgendeiner über Liebe sprach, erzählte ihm darauf, daß sie hier die bezauberndste Schwarze hätten, welche je auf dieser Pflanzung gesehen ward, etwa fünfzehn oder sechzehn Jahre alt, schätze er; was ihn beträfe, so habe er seit ihrer Ankunft nur noch nach ihr geseufzt, und alle weißen Schönheiten, die er gesehen, hätten ihn niemals so völlig bezaubert wie dieses wunderhübsche Geschöpf, und kein Mann, einerlei welcher Nation, habe sie jemals angeschaut, ohne sich in sie zu verlieben, und alle Sklaven lägen ihr ständig zu Füßen, und durch das ganze Land halle der Ruf von Clemene, »denn so«, sagte er, »haben wir sie getauft; aber sie weist uns alle mit so erhabener Verachtung ab, daß es wie ein Wunder anmutete, wenn sie, die so endlose Sehnsucht einzuflößen vermag, selbst durch und durch eisig und gleichgültig wäre. Die anmutsvollste Keuschheit, welche jemals Jugend verschönte, ziert sie, die lieblichsten Seufzer – so daß man, wäre sie der Liebe fähig, schwören würde, sie schmachte nach einem abwesenden Glücklichen, und sie lebt so zurückgezogen, als fürchte sie selbst eine Vergewaltigung durch den Gott des Lichts oder daß ihr die Winde Küsse von ihrem zarten Mund rauben könnten. Jeden Tag ergeht von irgendeinem schmachtenden Liebhaber an sie die Bitte, sie möge ihn ihre Arbeit verrichten lassen,was sie errötend und mit Widerstreben gewährt, aus Angst, er werde sie zum Lohn dafür um einen Blick bitten, wessen er sich gar nicht zu erkühnen wagte, so groß ist die Ehrfurcht, welche sie ihren Anbetern ins Herz senkt.«

»Ich wundere mich nicht«, erwiderte der Prinz, »daß Clemene Sklaven abweist, daß sie, wie Ihr sagt, so schön ist; ich wundere mich nur, daß sie solche flieht, die sie, wie Ihr, zu unterhalten vermögen, oder warum Ihr sie nicht zum Nachgeben zwingt, da sie doch Eure Sklavin ist.«

»Ich muß gestehen«, sagte Trefry, »wenn ich, gegen ihren Willen, so lange zu ihr über Liebe sprach, daß meine Leidenschaft mich sogar über die Schicklichkeit hinausriß, war ich oft drauf und dran, jene Vorteile der Gewalt und der Kraft auszunutzen, welche mir die Natur gegeben hat. Doch oh! Sie entwaffnet mich mit dieser Keuschheit und mit ihren so sanften und rührenden Tränen, so daß ich mich zurückziehe und meinen Sternen dafür danke, daß sie mich besiegte.« Die Gesellschaft lachte über diese Artigkeit gegen eine Sklavin, und nur Cäsar lobte den Adel seiner Leidenschaft und seines Wesens, weil ja diese Sklavin adlig sein oder, was noch besser wäre, echte Begriffe von Ehre und Tugend haben könne. So verbrachten sie diesen Abend, nachdem sie von den Sklaven alle nur erdenklichen Bezeigungen der Achtung und Ehrfurcht empfangen hatten.

Am nächsten Tag forderte Trefry, als die Hitze nachgelassen hatte, Cäsar zu einem Spaziergang auf, führte ihn absichtlich zu der Hütte jener schönen Sklavin und erzählte ihm, daß sie, von der sie am Abend zuvor gesprochen, hier einsam lebe. »Aber«, sagte er, »ich würde Euch nicht wünschen, in ihre Nähe zu kommen, denn ich bin sicher, sobald Ihr sie seht, werdet Ihr sie lieben.« Cäsar versicherte ihm, daß er gegen alle Reize ihres Geschlechts gefeit sei, und wenn ihm der Gedanke käme, sein Herz könne so treulos sein, nach Imoinda noch einmal zu lieben, so würde er es wohl aus seiner Brust reißen. Kaum hatten sie also gesprochen, als ein kleiner zottiger Hund, den Trefry Clemene geschenkt und an dem sie große Freude hatte, herausgelaufen kam, und sie, die nicht wußte, daß jemand da war, lief hinter ihm her, um ihn wieder hereinzuholen, und stieß auf die, welche gerade von ihr gesprochen. Als sie die Männer erblickte, wäre sie am liebsten wieder ins Haus geeilt, aber Trefry faßte sie bei der Hand und rief: »Clemene, wie Ihr auch einen Anbeter fliehen mögt, diesem Fremdling« (dabei deutete er auf Cäsar), »solltet Ihr dennoch etwas Achtung erweisen.« Doch als hätte sie beschlossen, niemals wieder ihre Augen zu dem Gesicht eines Mannes emporzuheben, senkte sie ihren Blick, während er sprach, noch tiefer zu Boden und gab dem Prinzen auf diese Weise Gelegenheit, sie noch genauer zu betrachten. Es bedurfte keines langen Anstarrens oder langer Erwägungen, zu erkunden, wer dieses schöne Geschöpf war; augenblicklich erkannte er Imoinda, wie sie leiblich und wahrhaftig vor ihm stand, augenblicklich erkannte er ihr Gesicht, ihre Gestalt, ihre Züge, ihre Sittsamkeit, und all das ließ seine Seele mit Entzücken aus seinen Augen sprechen und seinen Körper fast allen Lebens beraubt zurück; er stand reglos und wußte eine Minute lang nicht mehr, daß es ihn gab, und ich glaube, so überwältigt von unmäßiger Freude, wie er war, wäre er nie wieder zu sich gekommen, hätte er nicht Mäßigung erfahren dadurch, daß er Imoinda wie leblos an Trefrys Hand niedersinken sah. Das weckte ihn auf, und er eilte ihr zu Hilfe und nahm sie in seine Arme, in denen sie allmählich wieder zu sich kam, und es ist überflüssig zu erzählen, wie hingerissen, wie verzückt vor Freude sie sich eine Zeitlang wortlos anschauten, dann einander in die Arme rissen und sich dann wieder anstarrten, als zweifelten sie immer noch daran, dieses Gnadengeschenks teilhaftig zu sein, das sie mit den Händen greifen konnten. Und man kann sich nicht vorstellen[29], welch zärtliche Dinge sie einander sagten, als sie darüber staunten, welch sonderbares Los sie wieder zueinandergeführt hatte. Rasch teilten sie einander ihre Erlebnisse mit und beklagten ihr Geschick, doch zugleich beteuerte einer dem anderen, daß selbst Fesseln und Sklaverei gelind und leicht wären und mit Freude und Vergnügen ertragen werden könnten, solange sie das Glück hätten, einander zu besitzen und ihr Gelöbnis zu erfüllen. Cäsar schwor, er verachte die Herrschaft der Welt, solange er seine Imoinda anschauen könne, und sie verschmähte Hoheit und Pracht, diese Eitelkeiten ihres Geschlechts, wenn sie nur Oroonoko ansehen könne. Er erstreckte seine tiefe Verehrung sogar auf die kleine Hütte, in der sie lebte, und sagte, dieses winzige Stückchen der Welt werde ihm mehr Glück schenken, als das ganze Universum es vermöge; und sie beteuerte, die Hütte sei ein Palast, solange sie durch die Gegenwart Oroonokos verschönt werde.

Trefry gefiel diese Neuigkeit über die Maßen, da er entdeckte, daß diese Clemene jene schöne Geliebte war, von welcher Cäsar gesprochen, und es befriedigte ihn nicht wenig, daß der Himmel so gütig gegen den Prinzen war, ihm seine Mißgeschicke durch einen so glücklichen Zufall zu versüßen. Er überließ die beiden Liebenden sich selbst, weil der darauf brannte, nach Parham House zu eilen (das in der nämlichen Pflanzung lag) und mir zu berichten, was sich zugetragen hatte. Ich brannte ebensosehr darauf, den Liebenden einen Besuch abzustatten, da ich bereits mit Cäsar

Freundschaft geschlossen und aus seinem Munde vernommen hatte, was ich erzählt habe und was durch seinen Franzosen bestätigt wurde, den man an Land gesetzt hatte, selber sein Glück zu suchen, weil er ein Christ war und deshalb nicht zum Sklaven gemacht werden konnte, und der täglich nach Parham Hill kam, seinen prinzlichen Schüler zu besuchen und ihm seine Aufwartung zu machen. Meine Teilnahme und mein Interesse an allem, was Cäsar betraf, welchem ich die Freiheit verhieß, sobald der Gouverneur anlangte, veranlaßten mich daher, augenblicks dahin zu eilen, wo sich die Liebenden befanden, und es freute mich unendlich, in dieser schönen jungen Sklavin (die wegen ihrer Züchtigkeit und ihres ungewöhnlich reizvollen Äußeren bereits unser aller Wertschätzung gewonnen hatte) diejenige zu entdecken, von der ich Cäsar so viel hatte erzählen hören. Man kann sich vorstellen, daß wir ihr daraufhin die dreifache Hochachtung zollten; obgleich sie am ganzen Körper mit zarten Blüten und Vögeln tätowiert war, hatten wir sie zuvor schon für vornehm gehalten, doch als wir nun erfuhren, daß Clemene Imoinda war, konnten wir sie nicht genug bewundern.

Ich vergaß zu erzählen, daß man in ihrer Heimat bei solchen von edler Geburt die ganze Vorderseite des Rumpfes durch Schnitte so schön verziert, wobei die Ränder der Blüten herausgehoben werden, daß es wie japanische Lackarbeit anmutet. Manche, wie Cäsar, sind nur an den Schläfen mit einer kleinen Blüte oder einem kleinen Vogel tätowiert, und die es am ganzen Körper sind, gleichen unsern alten Pikten, wie sie in den Chroniken abgebildet sind, nur sind diese Werke der Schnitzkunst zarter.

An diesem glücklichen Tage nahm Cäsar zur Freude aller Clemene zu seinem Weibe, und die Hochzeit wurde mit solcher Pracht gefeiert, wie die Gegend aufzubieten vermochte, und sehr bald danach wurde sie schwanger, weswegen Cäsar sie geradezu anbetete, da er wußte, daß er der Letzte seines großen Geschlechts war. Dieses Ereignis ließ ihn noch ungeduldiger die Freiheit ersehnen, und jeden Tag verhandelte er mit Trefry über seine und Clemenes Freilassung und bot ihm entweder Gold oder eine Unmenge Sklaven an, die übergeben werden sollte, ehe man sie ziehen lasse, vorausgesetzt, er erhalte irgendeine Gewähr dafür, daß sie gehen könnten, wenn das Lösegeld gezahlt wäre. Von Tag zu Tag wurde er mit Versprechungen abgespeist und auf die Ankunft des Lord-Governors vertröstet, so daß er sie der Unehrlichkeit verdächtigte und meinte, sie wollten ihn bis zur Niederkunft seines Weibes hinhalten und das Kind ebenfalls zum Sklaven machen; denn die ganze Nachkommenschaft gehört dem, welchem die Eltern gehören. Dieser Gedanke beunruhigte ihn sehr, und sein finsteres Wesen flößte ihnen ein gewisses Mißtrauen gegen ihn ein, so daß ich von einigen Leuten, die einen Aufstand befürchteten (der mitunter sehr verhängnisvoll sein kann in diesen Kolonien, wo ein solcher Überfluß an Sklaven herrscht, daß sie an Zahl den Weißen ungeheuer überlegen sind), bewogen wurde, mit Cäsar zu sprechen und ihm alle nur möglichen Zusicherungen zu geben. Sie wußten, daß er und Clemene kaum eine Stunde am Tag meinem Hause fern waren, daß sie bei mir aßen und daß ich ihnen in allen nur möglichen Dingen gefällig war. Ich unterhielt sie mit den Liebesgeschichten der Römer und bedeutender Männer, was ihm meine Gesellschaft so reizvoll machte und ihr, weil ich sie in all den hübschen Handarbeiten unterrichtete, die ich beherrschte, und ihr Geschichten von Nonnen[30] erzählte und mich bemühte, sie zur Erkenntnis des wahren Gottes zu führen. Aber von allen Reden gefielen Cäsar solche am wenigsten, und niemals konnte er sich mit unseren Begriffen von der Dreieinigkeit anfreunden, über die er stets einen Scherz machte: Sie sei ein Rätsel, sagte er, das ihn schwindlig mache, wolle er es zu begreifen versuchen, und man könne ihm nicht verständlich machen, was der christliche Glaube sei. Gleichwohl verfehlten diese Gespräche nicht ganz, ihn so vortrefflich abzulenken, daß ihm die Gesellschaft von uns Frauen sehr viel besser zusagte als die der Männer; denn er mochte nicht trinken, und wer das nicht mag, ist in jenem Land ein schlechter Gefährte. Da wir ihn dazu brachten, uns sehr gern zu haben, hatten wir ihm gegenüber volle Redefreiheit, vor allem ich selbst, die er seine große Herrin nannte, und tatsächlich pflegte mein Wort großen Einfluß bei ihm zu haben. Aus diesen Gründen war mir die Möglichkeit gegeben, ihn darauf hinzuweisen, daß er mir in letzter Zeit nicht so zufrieden erscheine, wie er gewesen, zurückgezogener und nachdenklicher, und ich sagte ihm, ich würde es ihm verübeln, sollte er den Argwohn hegen, wir wollten unser Wort gegen ihn brechen und ihm und Clemene nicht gestatten, in ihr eigenes Königreich zurückzukehren, welches nicht so weit entfernt sei, denn einmal unterwegs, würden sie es bald erreichen. Darauf gab er mir einige Antworten, die einen inneren Zweifel erkennen ließen und mich zu der Frage bewogen, welchen Nutzen es habe, zu zweifeln. Es würde uns nur Furcht vor ihm einflößen und uns möglicherweise zwingen, ihn so zu behandeln, wie ich es höchst ungern sehen würde, das heißt, es könne Anlaß geben, ihn einzusperren. Vielleicht war das keine recht glückliche Äußerung von mir; denn ich bemerkte, wie übel er das Wort aufnahm, das ich dann vergeblich abzuschwächen versuchte. Gleichwohl versicherte er mir, welche Entschlüsse er auch fassen sollte, er werde nichts gegen die Weißen unternehmen, und was mich und alle auf dieser Pflanzung beträfe, so wolle er lieber auf ewig seine Freiheit und selbst sein Leben verwirken, als die Hand gegen seinen größten Feind an diesem Ort erheben. Er bat mich, seinetwegen nichts zu befürchten, denn er könne nichts tun, was nicht die Ehre gebiete, tadelte sich dagegen selbst, die Sklaverei so lange erduldet zu haben, diese Schwäche lege er jedoch allein der Liebe zur Last, welche fähig gewesen, ihn selbst den Ruhm vergessen zu lassen, weswegen er sich jetzt jeden Augenblick des Tages Vorwürfe mache. Er sagte noch sehr viel mehr zu diesem Thema und mit einem hinreichend ungestümen Ausdruck, daß ich erkannte, er würde nicht lange in der Knechtschaft bleiben, und obgleich er nur den Namen eines Sklaven zu erdulden hatte und nichts von dessen Mühe und Arbeit, genügte das, ihm Unbehagen zu verursachen, und überdies war er, der stets in Tätigkeit und in Waffen gewesen, schon zu lange müßig. Er hatte ein wildes, ungestümes Temperament, und das konnte nicht zu untätiger Ruhe gezähmt werden, und obwohl alle Anstrengungen gemacht wurden, ihn mit solchen Beschäftigungen und Vergnügungen in Bewegung zu halten, wie diese Welt sie zu bieten vermag, mit Laufen, Ringen, Speerwurf, Jagen und Fischen, mit dem Verfolgen und Töten ungeheuer großer Tiger, welche dieses Land im Überfluß bietet, und wundervoller Schlangen, wie Alexander sie, dem Bericht nach, am Amazonas angetroffen haben soll und auf die Cäsar mit großem Vergnügen Jagd machte[31]; doch all das waren nicht hinreichend wichtige Beschäftigungen für seine große Seele, die immer noch nach rühmlicherer Tätigkeit lechzte.

Ehe ich mich an diesem Tag von ihm trennte, erlangte ich von ihm mit großer Mühe das Versprechen, noch ein wenig länger in Geduld zu verharren und die Ankunft des Lord-Governors[32] abzuwarten, der jeden Tag an unserer Küste eintreffen könne; er versicherte mir, daß er es tun wolle, und wünschte, mich wissen zu lassen, daß er dieses Versprechen ausdrücklich mir zu Gefallen gäbe, zu der er uneingeschränktes Vertrauen hege.

Danach hielt weder ich es für dienlich, ihm völlig zu trauen, wenn er uns aus den Augen war, noch die ganze Gegend, die ihn fürchtete; doch einstimmig wurde geraten, ehrlich mit ihm umzugehen und ihn dazu zu bewegen, daß er sich innerhalb gewisser Grenzen aufhalte, und so selten wie möglich sollte ihm gestattet werden, zu den Negersiedlungen zu gehen, und wenn, dann nur in Begleitung solcher Männer, welche in ihrem Aussehen eher Bedienten als Spähern glichen. Diese Vorsicht wurde eine Zeitlang geübt, und Cäsar hielt sie für ein Zeichen außergewöhnlicher Hochachtung und freute sich darüber, daß seine Unzufriedenheit sie gezwungen hatte, aufmerksamer gegen ihn zu sein. Auch erhielt er von dem Sklavenaufseher eine erneute Zusicherung, die ihm durch die Ansicht aller Gentlemen des Bezirks bestätigt wurde, die ihm ihre Aufwartung machten. Da wir zu dieser Zeit häufiger als bislang seine Gesellschaft genossen, mag es dem Leser nicht unangenehm sein, wenn ich von den Zerstreuungen erzähle, mit denen wir ihn unterhielten, oder, besser gesagt, er uns.

Mein Aufenthalt in diesem Lande sollte nur kurz sein, weil mein Vater auf See starb und niemals in den Besitz der ihm zugedachten Ehre gelangte (als Generalleutnant von sechsundreißig Inseln bei Surinam) noch der Vorteile, welche er dadurch zu ernten hoffte; und obgleich wir unsere Reise notgedrungen fortsetzen mußten, hatten wir daher nicht die Absicht, in dem Gebiet zu bleiben.[33] Wenn es auch, in einem Wort, und soviel muß ich darüber sagen, so beschaffen war, daß sich Seine verstorbene Majestät, ehrenden Angedenkens, hätte er nur gesehen und erfahren, über welch ein unermeßlich großes und reizvolles Land er auf diesem Kontinent Herr und Gebieter war, niemals so rasch zugunsten der Niederländer davon getrennt hätte.[34] Es ist ein Land, dessen ungeheure Ausdehnung bis jetzt noch nicht bekannt war, und es mag mehr edlen Boden enthalten als das ganze Universum daneben; denn man sagt, es erstrecke sich von Osten nach Westen in der einen Richtung so weit wie China und in der anderen bis Peru.[35] Es bringt alles hervor, sowohl zur Zierde wie zum Nutzen; es gibt dort in den Monaten April, Mai und Juni einen immerwährenden Frühling; die Schatten sind beständig, da die Bäume gleichzeitig alle Abstufungen von Laub und Frucht tragen, von erblühenden Knospen bis zur Herbstreife; ohn Unterlaß sind die Wäldchen vom Wohlgeruch der Orangen, Limonen, Zitronen, Feigen, Muskatnüsse und edlen Gewürze erfüllt. Die Bäume gleichen Buketts und sind mit vielerlei Blüten geschmückt, manchmal ganz weißen, dann purpurnen oder scharlachfarbenen oder blauen oder gelben, und sie tragen gleichzeitig reife Früchte und schwellende junge oder bringen Tag für Tag neue hervor. Sogar das Holz dieser Bäume hat einen inneren Wert, der über den gewöhnlichen Nutzholzes hinausgeht, denn geschlagen sind sie von verschiedener Färbung, herrlich anzuschauen, und erreichen für Einlegearbeiten einen erheblichen Kaufpreis. Überdies liefern sie kostbaren Balsam und Gummi, und aus einer solchen aromatischen Substanz fertigen wir auch unsere Kerzen an, die nicht nur genügend Licht geben, sondern beim Brennen überall ihren Duft verbreiten. Zedernholz ist die übliche Feuerung, und alle Häuser sind daraus gebaut. Sogar die einheimischen Fleischgerichte erfüllen, wenn sie auf den Tisch gebracht werden, den ganzen Raum mit ihrem Wohlgeruch, vor allem wenn sie von einem kleinen Tier stammen, das Gürteltier heißt und das ich mit nichts so gut wie mit einem Rhinozeros vergleichen kann; es steckt von oben bis unten in einem weißen Panzer, der so gegliedert ist, daß es sich darin ebensogut bewegt, als hätte es überhaupt nichts an, und es ist so groß wie ein sechs Wochen altes Ferkel. Aber ich käme nie zu einem Ende, wollte ich über all die verschiedenen wundervollen und seltsamen Dinge berichten, die das Land hervorbringt und nach denen wir mit mehr als großem Vergnügen auf die Suche gingen, obgleich solche Abenteuer oftmals verhängnisvoll und zumindest gefährlich sind. Doch solange wir bei solchem Vorhaben Cäsar in unserer Gesellschaft hatten, fürchteten wir kein Unheil und erlitten auch keines.

Als ich ins Land kam, wurde mir sogleich das beste Haus, mit Namen St. Johns Hill, übergeben.[36] Es stand auf einem ungeheuren Felsen aus weißem Marmor, an dessen Fuß der Fluß in eine gewaltige Tiefe stürzte, so daß man an diesem Ufer nicht zu ihm hinabsteigen konnte; die kleinen Wellen, die sich unaufhörlich am Fuße des Felsens brachen und ihn umspülten, murmelten und rauschten so sanft wie nichts auf der Welt, und das gegenüberliegende Ufer war mit solchen Unmengen verschiedenartiger Blumen geschmückt, die ewig blühen, und jeden Tag aufs neue, und dahinter eingehegt von himmelanstrebenden Bäumen in tausend seltenen Formen und Farben, daß all das den hinreißendsten Anblick bot, welchen diese Erde zu schaffen vermag. An dem zum Fluß gelegenen Rand des Felsens gab es, etwa halb so lang wie die Mall[37], einen Laubengang oder Hain von Orangen- und Zitronenbäumen, deren blüten- und fruchttragende Äste oben zusammenstießen und die Sonne abhielten, deren Strahlen dort sehr grausam sind, und der kühle Luftzug vom Fluß her legte es nicht nur nahe, zu den heißesten Stunden des Tages die Leute in diesem Laubengang zu bewirten, sondern erfrischte die duftenden Blüten und verlieh ihm bleibenden Wohlgeruch und Zauber, und gewiß hat der ganze Erdball kein so köstliches Fleckchen wie diesen Hain zu bieten. Alle Gärten des gepriesenen Italien können keinen Schatten erzeugen, der diesen übertrifft, so sich die Natur mit der Kunst vereinigt hat, etwas so über die Maßen Schönes zu schaffen, und es mutet wie ein Wunder an, daß so ungeheure Bäume, mächtig wie die englischen Eichen, auf einem so massiven Felsen und in so wenig Erde, die ihn bedeckt, Wurzel schlagen konnten. Aber dort sind alle von der Natur geschaffenen Dinge ungewöhnlich, herrlich und wundervoll. Doch nun zu unserem Zeitvertreib.

Auf der Jagd nach jungen Tigern pflegten wir diese mitunter in ihren Höhlen zu überrumpeln, indem wir abwarteten, bis die Alten auf Beute ausgingen, und oft gerieten wir in große Gefahr und flohen eilends um unser Leben, wenn wir von den Muttertieren dabei überrascht wurden. Einmal jedoch, als wir diese Absicht ausführen wollten und Cäsar bei uns hatten, war es übler denn je; denn kaum hatte Cäsar einen jungen Tiger aus seiner Höhle geraubt, da begegneten wir auf dem Rückweg dem Muttertier, das eine Rindskeule anschleppte, die es mit seiner mächtigen Pranke herausgerissen hatte und in die Höhle schaffen wollte. Wir waren unser nur vier Frauen, Cäsar und ein englischer Gentleman, ein Bruder des alten Cromwellianers Harry Martin[38], und sahen ein, daß es vor dieser wütigen und raubgierigen Bestie kein Entrinnen gab. Gleichwohl flohen wir Frauen, so schnell wir nur konnten, und doch hätte unsere Flucht uns nicht das Leben gerettet, hätte nicht Cäsar, als er sah, wie der Tiger seine Beute fallen ließ, um sich geschwinder auf ihn zu stürzen, das Junge niedergelegt und den Degen von Mr. Martin ergriffen, den er bat, beiseite zu gehen oder den Damen zu folgen. Mr. Martin gehorchte ihm, und Cäsar trat dem Ungeheuer entgegen, das gewaltig groß war und mächtige Glieder hatte und mit geöffnetem Rachen auf ihn zukam, und während er seine furchterregenden, unnachsichtigen Augen voll auf das Tier heftete und eine Verteidigungsstellung einnahm, die ihm sowohl Widerstand wie Angriff gestattete, bohrte er ihm den Degen bis zum Heft durch die Brust ins Herz. Das sterbende Tier streckte eine Pranke aus und wollte sie in Cäsars Schenkel schlagen, wurde jedoch im gleichen Augenblick vom Tod überrascht und tat ihm nichts anderes zuleide, als daß es ihm seine langen Krallen sehr tief ins Fleisch bohrte und ihn schwach verwundete, ohne jedoch das Fleisch pakken und reißen zu können. Als Cäsar das getan hatte, rief er uns zu, wir sollten zurückkommen, was wir auch taten, nachdem wir uns hinreichend von seinem Sieg überzeugt hatten. Wir fanden ihn, wie er gerade dem in seinem Blut liegenden Tiger den Degen aus der Brust zog; dann nahm er das Junge auf, kam mit einer Gleichgültigkeit, die nichts von der Freude oder Fröhlichkeit über einen Sieg hatte, auf uns zu und legte es mir vor die Füße. Wir staunten alle ungemein über seine Tollkühnheit und über die Größe des Tieres, das etwa so groß war wie eine Färse, aber mit mächtigen und starken Gliedern.[39]

Ein andermal, als wir im Wald waren, tötete er einen Tiger, der jene Gegend lange Zeit unsicher gemacht und eine Unmenge Schafe und Ochsen weggeschleppt hatte sowie anderes Vieh, das den Besitzern zur Nahrung diente: Unzählige hatten das Tier angegriffen, etliche behaupteten, sie hätten ihm zu verschiedenen Zeiten mehrere Kugeln in den Leib gejagt, und manche schworen, es mitten durch das Herz geschossen zu haben, und sie glaubten, es sei eher ein Teufel als ein sterbliches Wesen. Cäsar hatte oft geäußert, daß er Lust habe, diesem Ungeheuer zu begegnen, und sprach mit einigen Gentlemen, die es versucht hatten. Der eine rief aus: »Ich habe es mit soundso vielen vergifteten Pfeilen beschossen«, ein anderer hatte mit dem Gewehr diesen Teil von ihm getroffen, ein weiterer jenen; dennoch glaubte Cäsar, der sich all diese Stellen merkte, wo es getroffen war, er werde es überwältigen können, indem er ihm eine andersgeartete Wunde als jede bisher erhaltene zufügte, und eines Tages (bei Tisch) sagte er: »Welche Trophäen und Girlanden werdet ihr für mich haben, edle Damen, wenn ich euch das Herz dieser raubgierigen Bestie bringe, die all eure Lämmer und Schweine frißt?« Wir versprachen ihm, er werde von unser aller Händen belohnt werden. Also nahm er einen Bogen, den er aus einer großen Anzahl auswählte, und ging mit zwei Gentlemen in den Wald, wo er den alles Verschlingenden vermutete. Sie waren noch nicht sehr weit hineingedrungen, als sie ihn brummen und schnurren hörten, als behage ihm seine augenblickliche Tätigkeit. Als sie seiner ansichtig wurden, entdeckten sie, daß er im Bauch eines eben geraubten Schafes herumschnupperte, den er aufgerissen hatte, und als er sie kommen sah, schlug er die Vorderpranken in seine Beute und richtete einen überaus wilden, zornigen Blick auf Cäsar, ohne jedoch auf ihn zukommen zu wollen, damit er nicht verliere, wessen er sich bemächtigt hatte. So harrte Cäsar eine geraume Weile aus, indes er nur zielte und auf die Gelegenheit wartete, ihn dort zu treffen, wo er es beabsichtigte; es dauerte etliche Zeit, ehe er das ausführen konnte, denn den Tiger zu verwunden und nicht zu töten hätte diesen noch wütender gemacht und Cäsar gefährdet. Er hatte einen Köcher mit Pfeilen an der Seite hängen, so daß ein verschossener ersetzt werden konnte; schließlich zog er sich ein wenig zurück, um ihm Gelegenheit zum Fressen zu geben, und merkte, wie gierig er war und wie schnell er sich darüber hermachte, als er ihn zurückgehen sah, mehr erpicht auf seine Beute als darauf, neues Unheil anzurichten. Darauf ging Cäsar leise so weit, bis er ihn mit der Breitseite vor sich hatte, und hinter einer hoch und dicht wachsenden Grasart verborgen, zielte er so gut, daß er ihn, wie beabsichtigt, haargenau ins Auge traf, und der Pfeil war mit solcher Gewalt und mit so sicherer Hand abgeschossen, daß er dem Tiger ins Hirn drang, worauf dieser einen Luftsprung machte und für ein, zwei Augenblicke toll wurde, doch nachdem ein zweiter Pfeil nachgeholfen hatte, fiel er tot auf seine Beute nieder. Cäsar schnitt ihn mit einem Messer auf, um zu sehen, wo die Verwundungen wären, von denen man ihm berichtet hatte, und warum er nicht daran gestorben war. Und nun werde ich etwas erzählen, was möglicherweise keinen Glauben bei den Menschen finden wird, da eine allgemein von uns anerkannte Meinung lautet, nichts könne im Herzen verwundet werden und weiterleben. Als jedoch das Herz dieses tapferen Tieres herausgenommen wurde, fand man darin sieben Bleikugeln und die Wunden mit großen Narben bedeckt, und mit diesen Kugeln hatte es noch erkleckliche Zeit gelebt, denn es war lange her, daß sie abgeschossen waren. Dies Herz brachte uns der Sieger heim, und es war eine so große Kuriosität, daß die ganze Gegend es besichtigen kam, was Cäsar Gelegenheit zu vielen vortrefflichen Reden gab über Gefahren im Krieg und ungewöhnliches Entkommen.

Zu anderen Zeiten ging er auf Fischfang, und durch Gespräche über diesen Zeitvertreib fand er heraus, daß wir in dieser Gegend einen höchst sonderbaren Fisch namens Zitteraal hatten (ich habe selber davon gegessen), der in lebendigem Zustand eine so abkühlende Eigenschaft hat, daß die Angler, mögen sie auch eine noch so lange Leine haben, die ja überdies an der Rute befestigt ist, im gleichen Augenblick, da er den Köder berührt, in eine Erstarrung geraten, die ihnen für eine Weile das Bewußtsein raubt[40]; so sind etliche, sobald der Fisch den Köder berührte, ins Wasser gefallen oder wie tot an der Stelle des Flußufers niedergesunken, wo sie standen. Cäsar pflegte darüber zu lachen und hielt es für unmöglich, daß ein Mann durch die Berührung eines Fisches seine Kraft verlieren könnte, und vermochte jene Weisheit, daß eine abkühlende Eigenschaft eine solche Wirkung haben sollte, nicht zu begreifen; gleichwohl war er überaus neugierig, auszuprobieren, ob sie auf ihn die gleiche Wirkung ausüben werde wie auf andere, und versuchte es oft, aber vergeblich. Doch am Ende kam der begehrte Fisch, als er am Ufer stand und angelte, an den Köder, und statt die Angel von sich zu werfen oder sie mit einem jähen Ruck aus dem Wasser zu ziehen, wodurch er möglicherweise nicht nur den Aal gefangen, sondern auch seine Angel hätte fallen lassen können, ehe die Wirkung auf ihn allzugroß geworden wäre, packte er sie um des Versuches willen nur noch fester, wurde ohnmächtig und fiel in den Fluß, und da er immer noch die Angelrute festhielt, trug die Strömung den Bewußtlosen eine große Strecke weit davon, bis ihn ein Indianerboot aufnahm, dessen Insassen sich, als sie ihn anfaßten, von einer Erstarrung gepackt fühlten, woraus sie ersahen, daß er noch die Angel in der Hand hatte; mit einem Paddel (das ist ein kurzes Ruder) schlugen sie die Rute ab und rissen ihn samt Aal und allem ins Boot. Wenn Cäsar schon durch die Einwirkung dieses Fisches fast tot war, so noch mehr durch die des Wassers, in dem er eine Meile zurückgelegt hatte, und sie merkten, daß es sie große Mühe kostete, ihn wieder zum Leben zu erwecken; am Ende gelang es ihnen, und sie brachten ihn heim, wo er sich nach einigen Stunden erholt und erquickt hatte und sich nicht wenig schämte, als er entdeckte, daß er von einem Aal besiegt worden war und daß alle Leute, die von seiner Niederlage erfuhren, über ihn lachen würden. Aber wir redeten ihm gut zu, und er ließ sich damit trösten, daß wir den Aal – der etwa eine viertel Elle lang, eine überaus köstliche Speise und um so wertvoller war, als er fast das Leben eines so tapferen Mannes gekostet hatte – zum Abendessen hätten.

Zu jener Zeit standen wir mancherlei Todesängste aus wegen etlicher Streitigkeiten zwischen den Engländern und Indianern, so daß wir uns kaum zutrauen durften, anders als in großer Zahl zu irgendwelchen Dörfern oder Wohnstätten der Indianer zu gehen, aus Angst, sie würden uns Weiße überfallen, wie sie es unmittelbar nach meiner Abreise taten, als die Niederländer das Land in Besitz genommen hatten; mit diesen verfuhren sie nicht so gesittet wie mit den Engländern; sie zerstückelten alle, deren sie habhaft werden konnten, drangen in Häuser ein, hängten die Mutter und all ihre Kinder um sie herum auf; und einem Bedienten, den ich zurückgelassen hatte, zerhackten sie Glied für Glied und nagelten ihn an einen Baum.

Diese Fehde begann schon, als ich noch da war, so daß ich fast um das Vergnügen kam, die Indianerdörfer zu besuchen und zu besichtigen. Doch eines Tages, als wir unser Mißgeschick beklagten, sagte uns Cäsar, wir brauchten keine Angst zu haben, denn wenn wir Lust hätten zu gehen, würde er sich unterfangen, uns zu beschützen. Etliche wollten es wagen, doch die meisten nicht. Etwa achtzehn von uns entschlossen sich dazu, bestiegen ein Boot und gelangten nach acht Tagen in die Nähe eines indianischen Dorfes; doch als wir uns näherten, sank einigen in unserer Gesellschaft der Mut, und sie wollten es nicht wagen, an Land zu gehen. Deshalb stimmten wir ab, wer dafür und wer dagegen sei. Ich für mein Teil sagte, wenn Cäsar gehen wolle, so wolle ich es auch. Er entschied sich dafür, desgleichen mein Bruder und meine Kammerjungfer, ein sehr couragiertes Mädchen. Da nun aber niemand von uns der Sprache dieses Volkes kundig war, und da wir meinten, wir würden beim bloßen Anstarren nur das halbe Vergnügen haben, mieteten wir einen Fischer, der als langjähriger Bewohner jener Gegend an der Mündung des Flusses lebte, und bewogen ihn, uns zu begleiten. Doch weil er den Indianern, mit denen er Handel trieb, bekannt war und durch seinen langen Aufenthalt dort in der Hautfarbe ganz und gar zum Indianer geworden war, und da wir andrerseits im Sinn hatten, sie durch den Anblick von etwas, das sie niemals gesehen (nämlich Weiße), zu überraschen, beschlossen wir, nur ich selbst, mein Bruder und meine Kammerjungfer sollten hingehen; deshalb verbargen sich Cäsar, der Fischer und alle übrigen in dem Dickicht von Schilf und Blumen, die am Ufer wuchsen, und ließen uns weitergehen zu der Ansiedlung, die sich am Fluß hinzog. In geringer Entfernung von den Häusern oder Hütten sahen wir etliche tanzen und andere damit beschäftigt, Wasser vom Fluß zu holen und heranzuschleppen. Kaum hatten sie uns erspäht, als sie ein lautes Geschrei anhuben, das uns zunächst erschreckte; wir glaubten, es gälte jenen, die uns töten sollten; aber anscheinend war es nur Staunen und Verwunderung. Sie waren alle nackt und wir so gekleidet, wie es für die heißen Länder am vorteilhaftesten ist, überaus glitzernd und prächtig, so daß wir einen außergewöhnlich schönen Anblick boten. Mein Haar war kurz geschnitten, und darüber trug ich eine Tafthaube mit schwarzen Federn; mein Bruder steckte in einem Anzug aus leichtem Wollstoff mit silbernen Ösen und Knöpfen und einer Fülle grüner Litzen. All das verwunderte sie über die Maßen, und da wir sie ruhig stehenbleiben und unser Nahen erwarten sahen, faßten wir uns ein Herz und gingen auf sie zu und boten ihnen die Hand, die sie nahmen, worauf sie uns rundherum besichtigten und immer noch mehr Gefährten herbeiriefen. Diese kamen angeschwärmt und staunten und riefen: »*Tepeeme*!«, wobei sie das Haar mit den Händen hochhoben und all jenen, welche sie anriefen, entgegenbreiteten, als wollten sie sagen (was es tatsächlich bedeutet): »Wunder ohne Zahl!« – oder: »So wenig zu zählen wie die Haare auf dem Kopf.« Nach und nach wurden sie dreister und gingen von der Rundbesichtigung dazu über, uns anzufassen; sie strichen mit den Händen über die Züge unserer Gesichter, befühlten unsere Brüste und Arme, hoben einen Rock hoch und staunten, darunter noch einen zweiten zu sehen, bewunderten unsere Schuhe und Strümpfe, doch noch mehr unsere Strumpfbänder, die wir ihnen schenkten und die sie um die Beine wanden, da sie mit Silberborte eingefaßt waren und da sie alles, was glänzt, sehr hochschätzen. Kurzum, wie ließen uns von ihnen nach Herzenslust erforschen und glaubten schon, sie würden kein Ende finden, uns anzustaunen. Als Cäsar und die anderen sahen, daß wir mit solcher

Bewunderung empfangen wurden, kamen sie herbei, und als die Eingeborenen den Indianerhändler entdeckten, den sie kannten (denn durch diese Indianerhändler genannten Fischer verkehrten wir mit ihnen, weil sie sich nicht gern weit von zu Hause entfernen und wir niemals zu ihnen gehen) – als sie nun diesen Fischer vor sich sahen, erhoben sie ein neues Freudengeschrei und riefen in ihrer Sprache: »Oh! Da ist unser *Tiguamy*, und jetzt werden wir erfahren, ob diese Geschöpfe reden können.« So gingen sie ihm entgegen, und etliche gaben ihm die Hand und riefen: *»Amora Tiguamy«*, was so viel heißt wie ›Guten Tag‹ oder ›Willkommen, Freund‹. Und mit einstimmigem Lärm begannen alle auf ihn einzuplappern und fragten ihn, ob wir Sinn und Verstand hätten, ob wir wie sie über Angelegenheiten des Lebens und des Krieges sprechen könnten, ob wir jagen, schwimmen und tausenderlei andere Dinge tun könnten, mit denen sie sich befaßten. Er antwortete ihnen, dazu seien wir durchaus imstande. Darauf luden sie uns in ihre Häuser ein und bereiteten uns Wildbret und Büffelfleisch zu und gingen hinaus, das Blatt eines Baumes zu holen, Sarumboblatt genannt und sechs Yards lang, das sie als Tischtuch auf den Boden breiteten, während ein zweites zu Tellern zerschnitten wurde, und ließen uns auf niedrigen kleinen indianischen Hockern Platz nehmen, die sie im Ganzen aus einem Stück Holz schneiden und etwa auf japanische Manier bemalen und lacken. Jedermann bekam sein Essen auf diesen Blattstücken gereicht, und es war sehr gut, wenngleich allzusehr mit Pfeffer gewürzt. Als wir gegessen hatten, holten mein Bruder und ich unsere Flöten hervor und spielten ihnen vor, was sie aufs neue in Staunen versetzte, und ich merkte bald, daß es dank jener Bewunderung, welche diesem Volk eingeboren, und seiner außerordentlichen Unwissenheit und Naivität nicht schwer ist, eine unbekannte oder überspannte Religion bei ihnen einzuführen und ihnen jederlei Ideen oder Erdichtungen aufzudrängen. Denn als sie erlebten, wie ein Verwandter von mir mit seinem Brennglas ein Stück Papier in Brand setzte, ein Trick, welchen sie noch nie zuvor geschaut, waren sie geneigt, ihn als einen Gott zu verehren, und baten ihn um die Buchstaben oder Zeichen seines Namens, auf daß sie Winden und Stürmen damit Einhalt gebieten könnten. Er tat es, und sie hielten sie zu solchen Zeiten in die Höhe und glaubten, es wohne ihnen ein Zauber inne, die Unwetter zu besiegen, und bewahrten sie wie eine heilige Reliquie auf. Sie sind sehr abergläubisch und nannten ihn ihren großen *Peeie*, das heißt Prophet. Sie zeigten uns ihren indianischen *Peeie*, einen Jüngling von etwa sechzehn Jahren, so schön, wie die Natur einen Menschen nur bilden kann. Sie weihen so ein schönes junges Geschöpf von seiner Kindheit an, und alle Künste werden aufgeboten, ihn auf die trefflichste Art, sowohl an Schönheit wie Gestalt, zu vollenden. Er wird zu all jenen kleinen Kunstfertigkeiten und Geschicklichkeiten erzogen, deren sie fähig sind, zu all den Taschenspielertricks und all dem Hokuspokus, durch die sie das gemeine Volk täuschen, und ist sowohl ein Doktor der Medizin wie der Theologie. Und durch diese Tricks macht er die Kranken glauben, daß er ihre Schmerzen lindere, indem er aus dem angegriffenen Körperteil mitunter kleine Schlangen herausholt oder wunderliche Fliegen oder Würmer oder sonstige seltsame Dinge, und obgleich sie daneben zweifellos gute Heilmittel für fast alle ihre Krankheiten besitzen, kurieren sie den Patienten mehr durch Einbildung als Medizinen und bewirken so, daß sie gefürchtet, geliebt und verehrt werden. Dieser junge *Peeie* hatte eine sehr junge Frau, die, als sie erlebte, daß mein Bruder sie küßte, zu mir gelaufen kam und mich küßte. Danach küßte einer den anderen, und sie machten sich einen großen Spaß daraus, weil es eine solche Neuheit war, und abermals liefen Staunen und Lachen durch die Menge, so daß sie diese nie zuvor angewandte oder gekannte Höflichkeit wohl nimmer vergessen werden. Cäsar verlangte es danach, ihre Kriegshäuptlinge zu sehen und mit ihnen zu sprechen, und wir wurden in eines ihrer Häuser geleitet, wo wir mehrere ihrer großen Befehlshaber gewahrten, die eine Beratung abgehalten hatten, sie waren jedoch ein so gräßlicher Anblick, wie ihn kein Hirngespinst erschaffen kann, und keine bösen Träume sind imstande, uns etwas so Schreckliches vor Augen zu führen. Ich für mein Teil hielt sie eher für Kobolde oder Unholde als für Menschen; aber wie auch ihr Äußeres wirken mochte, ihre Seelen waren höchst menschlich und edel; doch manchen fehlte die Nase, anderen die Lippen, etlichen sowohl Nase wie Lippen, anderen die Ohren, und wieder anderen waren mit langen Schnitten die Wangen aufgeschlitzt, so daß die Zähne zu sehen waren, außerdem hatten sie noch verschiedene andere furchtbare

Wunden oder Narben, oder besser gesagt Verstümmelungen. Sie trugen *Comitias*, das sind kleine Lendenschurze, und baumwollne Gürtel, in denen ihre blanken Messer steckten, ferner einen Bogen auf dem Rücken und einen Köcher voller Pfeile, der ihnen am Oberschenkel herabhing, und die meisten hatten den Kopf mit vielfarbigen Federn geschmückt. Als wir eintraten, riefen sie uns »*Amora Tiguame*« zu und freuten sich, daß wir ihnen auf die nämliche Weise antworteten. Sie ließen uns Platz nehmen und gaben uns vom Besten zu trinken und verwunderten sich über unsern Anblick ebenso wie zuvor die anderen. Cäsar staunte nicht weniger über ihre Gesichter und fragte sich, ob sie wohl alle im Krieg so verwundet wären und wie das anginge; er brannte darauf, zu erfahren, wie sie zu diesen Verletzungen gekommen waren, welche eher entsetzlichen Malen rasender Wut oder Bosheit glichen als in edlem Kampf empfangenen Wunden. Sie erzählten uns über unsern Dolmetsch: Wenn irgendein Krieg geführt werden sollte, müßten zwei Männer, ausgewählt durch einen alten Befehlshaber, dessen Kampfzeit vorbei und der nur noch die Kriegstheorie lehren könne, in Wettbewerb um die Befehlsführung oder Ernennung zum großen Feldherrn treten, und nachdem man sie vor die alten, nun der Heldentaten enthobenen Schiedsrichter gebracht hätte, würden sie gefragt, was sie zu tun wagten, um zu beweisen, daß sie würdig seien, ein Kriegsheer zu führen. Wenn der erste also Befragte statt jeder Antwort seine Nase abschneide und sie verächtlich zu Boden werfe und der zweite sich etwas antue, womit er jenen zu überbieten glaube, und sich vielleicht der Lippen und eines Auges beraube, so werde das Schlachten fortgesetzt, bis einer aufgäbe, und viele seien bei diesem Wettstreit gestorben. Sie zeigen und beweisen also ihre Tatkraft durch eine Tapferkeit im Erdulden, und das war ein zu unmenschlicher Mut, als daß ihn unser schwarzer Held mit Beifall hätte aufnehmen können, obschon er seine Hochachtung vor ihnen bekundete.

Auf dieser Reise brachte Cäsar ein so gutes Einvernehmen zwischen den Indianern und den Engländern zuwege, daß es während unseres Aufenthaltes keine Ängste und keinen Groll mehr gab, dagegen einen uneingeschränkten, zwanglosen und freimütigen Umgang mit ihnen. Viele merkwürdige und erzählenswerte Dinge begegneten uns auf dieser kurzen Reise, weil es sich Cäsar angelegen sein ließ, allerlei ausfindig zu machen und so für unsere Unterhaltung zu sorgen, besonders um seine inniggeliebte Imoinda zu ergötzen, die an all unseren Abenteuern teilnahm, da wir beschlossen hatten, ihr die Ketten so leicht erträglich zu machen, wie wir nur konnten, und dem Prinzen so auf eine Weise zu schmeicheln, die ihn am meisten verpflichtete.

Als wir wieder flußauf fuhren, stießen wir auf etliche Indianer von ungewöhnlichem Aussehen, das heißt, sie waren größer und von anderer Gesichtsbildung als die in unserer Gegend. Unsere indianischen Sklaven, die uns ruderten, stellten ihnen einige Fragen, aber sie konnten uns nicht verstehen, wiesen uns dagegen eine lange Baumwollschnur mit mehreren Knoten darin und erzählten uns, sie seien vor so vielen Monden als hier Knoten vom Gebirge gekommen. Sie waren mit Fellen unbekannter Tiere bekleidet und hatten Beutel mit Goldstaub bei sich, der, wie sie uns, so gut es ging, zu verstehen gaben, in kleinen, schmalen Flußrinnen vom Hochgebirge herabgeströmt kommt, wenn es regnet, und sie erboten sich, jeder Gesellschaft oder allen Einzelpersonen, welche in die Berge wollten, als Geleit zu dienen. Wir nahmen diese Männer mit nach Parham, wo man sie bis zur Ankunft des Lord-Governors zurückhalten wollte. Und weil das ganze Land begierig war, auf dieses Goldabenteuer auszuziehen, befahl der Gouverneur in seinen Briefen (denn man hatte ihm etwas von dem Gold geschickt), an der Mündung des Amazonas (ein Fluß, der fast so breit ist wie die Themse) eine Wache aufzustellen, und verbot jedermann, diesen Fluß stromauf zu fahren, da er zu jenen Goldbergen führe. Doch wir reisten nach England ab, ehe der Plan weiterverfolgt wurde, und nachdem der Gouverneur in einem Hurrikan ertrunken war[41], schlief das Vorhaben ein, oder die Niederländer haben den Nutzen davon, und man kann nur beklagen, was Seine Majestät durch den Verlust jenes Teils von Amerika verlor.

Obgleich dies ein wenig von meiner Geschichte abschweift, enthält es doch so manchen Beweis für die Wißbegier und Tollkühnheit dieses großen Mannes, und ich war willens, nichts in Cäsars Charakter zu übergehen.

Auf diese Weise lenkten wir ihn eine Zeitlang ab, doch nun war zu erkennen, daß Imoinda ein Kind trug, und sie seufzte und weinte nur noch wegen der Gefangenschaft ihres Ehegatten, ihrer selbst und des noch ungeborenen Kindes und meinte, wenn es schon schwer sei, für zwei die Freiheit zu erlangen, so werde es noch viel schwieriger sein, sie für drei zu erhalten. Ihre Klagen waren Wurfspeere in das große Herz Cäsars, und eines Sonntags, als alle Weißen betrunken waren – denn es gab da eine Fülle von Handwerkern und Unfreien auf vier Jahre in den Negersiedlungen, für die der Sonntag der Tag ist, an dem sie sich gütlich tun (sonst waren sie eine Art auf ihn angesetzter Spione) – nahm Cäsar die Gelegenheit wahr und ging unter dem Vorwand reiner Leutseligkeit zu ihnen, um mit ihnen zu feiern, und schickte all seine Musikanten hin und befahl eine großartige Bewirtung für die ganze Schar – etwa dreihundert Neger, und an die hundertfünfzig davon waren imstande, jene Waffen zu tragen, die ihnen zur Verfügung standen und die im Verein mit dem gehörigen Mut genügten, Verheerung anzurichten. Denn die Engländer besaßen nur verrostete Degen, die mit aller Macht nicht aus der Scheide gezogen werden konnten, außer denen von wenigen umsichtigen Leuten, welche Sorge trugen, sie zu ölen und in gutem Zustand zu erhalten. Auch die Gewehre, abgesehen von hier und da einem oder den frisch aus England hergebrachten, richteten weder Gutes noch Schaden an; denn es liegt in der Natur dieses Landes, Eisen oder andere Metalle, außer Gold und Silber, mit Rost zu überziehen und zu zerfressen. Und im Bogenschießen, das die Neger und Indianer vollendet beherrschen, sind sie höchst unerfahren.

Nachdem Cäsar die Männer von den Frauen und

Kindern abgesondert hatte, hielt er ihnen eine großartige Rede über das Elend und die Schmach der Sklaverei und zählte all ihre Mühen und Leiden auf unter solchen Lasten, Bürden und Plackereien, welche eher Tieren als Menschen ziemten, eher vernunftlosem Vieh als Menschenseelen. Er sagte ihnen, es sei ja nicht für Tage, Monate oder Jahre, sondern für alle Ewigkeit; ihr Unglück werde kein Ende nehmen. Sie litten nicht wie Menschen, die in der Unterdrückung Ruhm und Seelenstärke finden könnten, sondern wie Hunde, welche die Peitsche und die Schelle lieben und kriecherisch schmeicheln, je mehr sie geschlagen werden. Sie hätten die göttliche Eigenschaft der Menschen verloren und wären abgestumpfte Esel geworden, nur zum Lastentragen tauglich, nein, noch schlimmer: Wenn ein Esel, ein Hund oder ein Pferd ihre Pflicht getan hätten, könnten sie sich in Ruhe niederlegen und zur Arbeit wieder aufstehen, und solange sie ihre Pflicht täten, hätten sie keine Schläge zu erdulden; Menschen jedoch, niedrige, unvernünftige Menschen wie sie, plackten sich die ganze lange Woche bis zum Schwarzen Freitag[42], und dann, ob arbeitsam oder nicht, ob tadelnswert oder verdienstvoll, dann hätten sie ohne Unterschied, der Unschuldige wie der Schuldige, von ihren Mitsklaven die schändliche Peitsche zu erdulden, die niederträchtigen Schläge, bis ihnen von allen Körperteilen das Blut fließe, Blut, welches Tropfen für Tropfen mit dem Leben einiger von jenen Tyrannen gerächt werden müßte, die solches auferlegten. »Und warum, meine lieben Freunde und Leidensgefährten«, fuhr er fort, »sollen wir Sklaven eines unbekannten

Volkes sein? Haben sie uns auf edle Weise im Kampf besiegt? Haben sie uns in ehrenvollem Gefecht erobert? Und sind wir durch das Kriegsglück ihre Sklaven geworden? Das würde ein edles Herz nicht erzürnen, das würde eines Kriegers Seele nicht erregen. Nein, wir Narren und Feiglinge werden gekauft und verkauft wie Affen, zum Vergnügen der Weiber und um Schurken und Pflichtvergessene zu unterstützen, die ihr eigenes Land verlassen haben, um auf Raub, Mord, Diebstahl und andere Schändlichkeiten auszugehen. Hört ihr nicht jeden Tag, wie sie sich gegenseitig Niederträchtigkeiten vorwerfen, die schlimmer sind als die der rohesten Wilden? Und sollen wir einem so entarteten Geschlecht, das nicht eine einzige menschliche Tugend zurückbehalten hat, es von den verächtlichsten Kreaturen zu unterscheiden, Gehorsam leisten? Wollt ihr von solchen Händen die Peitsche ertragen?« Alle erwiderten wie aus einem Munde: »Nein, nein, nein! Cäsar hat wie ein großer Hauptmann gesprochen, wie ein großer König.«

Danach wollte er weiterreden, wurde jedoch von einem hochgewachsenen Neger unterbrochen, der von etwas besserem Schlag war als die übrigen. Er hieß Tuscan, und er verneigte sich vor Cäsar bis zu dessen Füßen und rief aus: »Hoher Herr, mit Freude und Aufmerksamkeit haben wir Euren Worten gelauscht, und wären wir nur Männer, so würden wir einem so großen Führer durch die ganze Welt folgen. Doch ach! Bedenket, daß wir auch Ehegatten und Väter sind und Dinge besitzen, welche uns teurer sind als das Leben: unsere Weiber und Kinder, die nicht geschaffen sind, durch solch unwegsame Wälder, Gebirge und Sümpfe zu ziehen. Wir haben nicht nur beschwerliche Gegenden zu überwinden, sondern Flüsse zu durchwaten und Berge zu erklimmen, eine Beute raubgieriger Bestien!« Darauf entgegnete Cäsar, die Ehre sei der vornehmste Grundgedanke in der Natur, und diesem müsse man gehorchen; doch da kein Mann ohne all jene Taten der Tugend, des Mitleids, der Barmherzigkeit, der Liebe, der Gerechtigkeit und der Vernunft Anspruch auf Ehre erheben könne, fände er es damit vereinbar, daß sie für ihre Weiber und Kinder ebenso sorgten wie für sich selbst, und wenn er sie zur Unabhängigkeit und herrlichsten Freiheit führen wolle, so läge es nicht in seiner Absicht, daß sie jenen besseren Teil ihrer selbst dem Tod unter der Tyrannenpeitsche preisgeben sollten. Gäbe es jedoch unter ihnen eine so aller Liebe und Tugend bare, entartete Frau, daß sie lieber in der Sklaverei verbleiben als ihrem Manne folgen und auf die Gefahr ihres Lebens all seine Geschicke teilen wolle, so verdiene sie, verlassen und dem gemeinsamen Feind zur Beute preisgegeben zu werden.

Dem stimmten alle zu – und verneigten sich. Danach sprach er über die unwegsamen Wälder und Flüsse und überzeugte sie, daß sie um so mehr Ruhm ernten würden, je größer die Gefahren wären. Er erzählte ihnen, er habe von einem gewissen Hannibal gehört, einem großen Heerführer, der sich seinen Weg durch ein Gebirge aus festem Felsgestein geschlagen habe[43], und sollten sie sich durch ein wenig Buschwerk hindern lassen, welches sie vor sich verbrennen konnten? Nein, das sei ein läppischer Vorwand für Männer, welche entschlossen wären, zu sterben oder zu siegen. Was die Sümpfe anginge, so könnten sie mit geringer Mühe aufgefüllt und gefestigt werden, und ebensowenig könnten die Flüsse ein Hindernis sein, da sie von ihrer Geburt an entweder von Natur aus oder zumindest durch Gewohnheit des Schwimmens kundig seien. Wären die Kinder müde, so müßten sie abwechselnd getragen werden, und die Wälder und ihre eigene Geschicklichkeit würden sie mit Nahrung versorgen. All dem pflichteten sie mit Freuden bei.

Darauf fragte Tuscan, was er zu tun gedenke. Cäsar antwortete, sie würden zum Meer ziehen, eine neue Kolonie gründen und diese durch ihre Tapferkeit verteidigen, und wenn sie ein Schiff finden könnten, das entweder durch die Gewalt eines Unwetters zu ihnen getrieben oder ihnen durch die Vorsehung zugeführt werde, so würden sie sich seiner bemächtigen und es aufbringen, bis es sie in ihre Heimatländer geführt habe; in seinem Königreich würden sie freigelassen werden und als seine Leidensgefährten und als Menschen, welche den Mut und die Unerschrockenheit besessen, sich zumindest um ihre Freiheit zu bemühen, hohe Achtung genießen, und wenn sie bei diesem Bemühen den Tod fänden, so würde das immer noch tapferer sein, als in ewiger Sklaverei zu leben.

Diesen Entschluß begrüßten sie, indem sie sich tief verneigten und ihm die Füße küßten, und sie gelobten einstimmig, ihm bis in den Tod zu folgen, worauf die kommende Nacht für den Beginn des Marsches festgesetzt wurde. Das teilen sie ihren Frauen mit und wiesen sie an, ihre Hängematte wie einen Schal unter den Armen hindurch um die Schultern zu binden und jene Kinder, die laufen konnten, an der Hand zu führen und die anderen zu tragen. Die Frauen, die ihren Männern uneingeschränkte Folgsamkeit leisten, gehorchten ihnen und erwarteten sie an dem bezeichneten Ort. Die Männer verweilten nur so lange, um sich mit allen Verteidigungswaffen auszurüsten, deren sie habhaft werden konnten, und trafen sich dann an dem Sammelplatz, wo ihnen Cäsar abermals eine ermutigende Rede hielt und sie hinausführte.

Doch in dieser Nacht konnten sie nicht weit marschieren, und die Aufseher waren am Montag früh, als sie alle zusammenrufen wollten, daß sie an die Arbeit gingen, aufs höchste überrascht, nicht einen einzigen an Ort und Stelle zu finden und zu sehen, daß sie alle mitsamt ihrem Gepäck geflohen waren. Man kann sich vorstellen, daß sich diese Nachricht nicht nur in Windeseile über die ganze Pflanzung verbreitete, sondern auch bald die benachbarten erreichte, und gegen Mittag verfügten wir über sechshundert Mann, die sogenannte Bürgerarmee des Landes, die kam, uns bei der Verfolgung der Flüchtlinge zu helfen; doch nie zuvor sah man wohl eine so wunderliche Armee in den Krieg ziehen. Diese Männer von jeglicher Gestalt waren uninteressiert, obwohl es doch beinahe um eine gemeinsame Sache ging; denn solche Revolten geben sehr üble Beispiele und haben in vielen Kolonien oft höchst verhängnisvolle Folgen. Aber sie hegten Achtung vor Cäsar, und alle Leute waren gegen die Parhamiten (wie die Bewohner der Parhamplantage genannt wurden), weil sie erstens den Lord-Governor nicht liebten und zweitens behaupteten, Cäsar werde schlecht behandelt und getäuscht, und es ist nicht ausgeschlossen, daß einige der Besten im Lande ihm zu dieser Flucht geraten hatten, welche uns aller Sklaven berauben sollte, weswegen sich die vom besseren Schlag nicht in die Sache einmischen wollten. Der Vizegouverneur[44], von dem ich aus Mangel an Gelegenheit noch nicht gesprochen habe, war der kriecherischste Schmeichler der Welt und ein Mann, der angeblich die allergrößte Freundschaft zu Cäsar hegte, doch nun war er sein einziger heftiger Gegner, und obgleich er nichts besaß und deshalb nichts zu fürchten hatte, redete und gebärdete er sich doch anmaßender als sonst jemand. Er war ein Kerl, dessen Name nicht wert ist, mit dem des ärgsten Sklaven in einem Atemzug genannt zu werden. Dieser Bursche wollte seine Armee Cäsar entgegenführen oder, besser gesagt, zu seiner Verfolgung führen. Die meisten ihrer Waffen bestanden in jener Art grausamer Peitschen, die man neunschwänzige Katzen nennt, manche trugen verrostete, nutzlose Gewehre zur Schau, andere alte Korbdegen, deren Klingen in diesem Zeitalter nie das Tageslicht gesehen hatten, und wieder andere lange Knüttel und Keulen. Mr. Trefry ging mit, aber eher, um bei einem solchen Kampf ein Vermittler als ein Eroberer zu sein; denn er sah voraus und wußte, wenn sie die Neger durch Kampf in Verzweiflung brächten, so würden sich diese als ein eigensinniger Menschenschlag erweisen und sich lieber selbst ertränken oder ums Leben bringen als sich ergeben, und er riet, am besten sei es, ehrliche Mittel anzuwenden. Aber Byam gehörte zu jenen, welche auf ihrem Kopf bestehen, und wollte seine eigenen Maßnahmen durchführen.

Es war nicht schwer, die Flüchtlinge ausfindig zu machen; denn auf ihrer Flucht waren sie gezwungen, das Gehölz vor sich in Brand zu stecken und zu hauen, so daß man sie nachts oder tags dank dem Feuerschein oder dem Pfad, welchen sie freigeschlagen, verfolgen konnte. Doch sobald Cäsar merkte, daß er verfolgt wurde, bezog er Verteidigungsstellung, hieß alle Frauen und Kinder in den Hintergrund treten, und dann, Tuscan an seiner Seite oder ihm am nächsten, versprach er fest, zu sterben oder zu siegen. Solchermaßen ermutigt, hielten sie sich nicht lange mit Reden auf, sondern fielen blindlings über die Engländer her und töteten etliche und verwundeten eine große Anzahl, während diese Zuflucht zu ihren Peitschen als ihren besten Waffen nahmen. Und ohne irgendeine Ordnung einzuhalten, quälten sie den Feind überaus schmerzhaft mit Peitschenhieben in die Augen. Als die Frauen und Kinder ihre Gatten und Väter solchermaßen behandelt sahen und die Engländer schreien hörten: »Ergebt euch, und ihr sollt leben! Ergebt euch, und euch sei verziehen!«, liefen sie in ihrer schrecklich verzagten Stimmung alle zu ihren Männern und Vätern, hängten sich an sie und schrien: »Ergebt euch! Ergebt euch! Und überlaßt Cäsar ihrer Rache!«, so daß die Sklaven nach und nach von Cäsar abfielen und ihm nur Tuscan und seine heldenmütige Imoinda ließen, die sich, so schwanger sie war, dennoch dicht an ihren Ehegemahl drängte, mit einem Bogen und einem Köcher voll vergifteter Pfeile, die sie mit solcher Geschicklichkeit handhabte, daß sie etliche verwundete und den Gouverneur in die Schulter traf, woran er wahrscheinlich gestorben wäre, wenn nicht eine Indianerin, seine Geliebte, die Wunde ausgesogen und so von dem Gift gereinigt hätte. Gleichwohl rührte er sich nicht vom Platze, bis er mit Cäsar unterhandelt hatte, den er, wie auch Tuscan und Imoinda entschlossen fand, kämpfend zu sterben und sich nicht gefangenzugeben. Da Byam jedoch nach anderer Rache dürstete, als ihm einfach das Leben zu nehmen, bot er jetzt alle seine Rede- und Verstellungskünste auf und ersuchte Cäsar, sich unter Bedingungen zu ergeben, die er selbst vorschlagen solle und die von ihm, Byam, unverbrüchlich gebilligt und gewahrt werden würden. Er sagte ihm, das verlange er nicht deswegen, weil er ihn noch fürchte oder zu glauben vermöge, die Stärke zweier Männer und einer jungen Heldin könne sie alle vernichten, noch dazu, wo sie jetzt auch alle Sklaven auf ihrer Seite hätten, sondern um der ungeheuren Hochachtung willen, die er seiner Person entgegenbringe, und aus dem Wunsche heraus, einem so tapferen Mann zu dienen und sich selbst später den Vorwurf zu ersparen, daß er den Tod eines Prinzen herbeigeführt habe, dessen Tapferkeit und Edelmut verdienten, über die Welt zu herrschen. Er beteuerte ihm, auch diese Tat sähe er als tapfer und mutig an, wenngleich auf den Schaden seines Herrn und Gebieters gerichtet, der dadurch eine so beträchtliche Anzahl Sklaven verloren hätte; diese seine Flucht solle als jugendliche Hitze, als Übereilung eines allzu eifervollen Mutes und als unbedachtes

Lechzen nach Freiheit angesehen werden, und nichts weiter, und Cäsar bemühe sich vergeblich, das auszuführen, was sie selber wirksam vollbringen würden, sobald irgendein Schiff käme, das seine Küste anlaufen würde. »So daß Ihr«, fuhr er fort, »wenn es Euch beliebt, Euch zu ergeben, aller nur erdenklichen Achtung teilhaben werdet, und Ihr selbst, Eure Frau und Euer Kind, wenn es hier geboren wird, werden unser Land als Freie verlassen.« Doch Cäsar wollte nichts von einem Vergleich hören, obgleich Byam nachdrücklich geltend machte, wenn er seinen Plan weiterverfolge, werde er unausbleiblich den Tod finden, entweder durch große Schlangen, wilde Tiere oder Hunger, und er müsse doch Rücksicht auf seine Frau nehmen, deren Zustand Ruhe erfordere und nicht die Strapazen einer langen Reise, auf der er sie nicht davor schützen könne, verschlungen zu werden. Cäsar entgegnete ihm jedoch, den Weißen sei nicht zu trauen, wie auch nicht den von ihnen angebeteten Göttern, welche sie in so falschen Grundsätzen unterrichteten, daß ehrliche Menschen nicht unter ihnen leben könnten; obgleich kein Volk so viel verspreche, halte doch keines so wenig. Er wisse, was er zu tun habe, wenn er mit Männern von Ehre umginge; aber bei den Weißen müsse ein Mann immer und ewig auf seiner Hut sein, dürfe mit Christen niemals essen und trinken, ohne seine Verteidigungswaffe in der Hand, und um seiner eigenen Sicherheit willen dürfe er nie ein Wort von dem glauben, was sie sagten. Was die Übereilung und Unbedachtsamkeit seiner Tat anginge, so wolle er zugeben, daß der Gouverneur recht habe, und er schäme sich dessen, was er getan, da er sich bemüht habe, solche zu befreien, die von Natur aus Sklaven seien, armselige, jämmerliche Wichte, die dazu taugten, als Werkzeuge der Christen behandelt zu werden, Hunde, die verräterisch und feige, zu solchen Herren passen, und man brauchte ihnen nur die Erkenntnis der Christengötter einzupeitschen, um sie zu den schmählichsten aller kriechenden Wesen zu machen, um sie solche Gottheiten verehren zu lehren, welche nicht die Macht besäßen, sie rechtschaffen, tapfer oder ehrlich zu machen. Kurzum, nach tausend Dingen dieser Art, die nicht geeignet sind, hier wiedergegeben zu werden, sagte er Byam, lieber wolle er sterben als mit solchen Hunden auf der gleichen Erde zu leben. Doch Trefry und Byam plädierten und beteuerten gemeinsam so viel, bis Trefry, der glaubte, was der Gouverneur sagte, meine er auch, und der in seinen eigenen Reden überaus herzlich war, sich mit edlem Mut in Cäsars Hände begab, ihn beiseite zog und ihn, sogar mit Tränen, zu überreden versuchte, er möge leben, indem er sich ergebe, und seine Bedingungen nennen. Cäsar wurde durch seinen Geist und seine Vernunftgründe besiegt, und auch weil er an Imoinda dachte, und er forderte, was er wünschte und daß es von ihren Händen schriftlich bestätigt werde, weil er bemerkt habe, daß dies unter den Weißen die übliche Art sei, zwischen Mann und Mann einen Vertrag zu schließen. All das wurde ausgeführt, und auch Tuscans Begnadigung mit eingefügt, und dann ergaben sie sich dem Gouverneur, der friedlich mit ihnen zu der Pflanzung ging, nachdem er befohlen hatte, ihre Toten zu begraben. Cäsar war mehr als erschöpft von dem Tumult des Tages; denn er hatte wie ein Rasender gekämpft, und was an Unheil angerichtet worden war, hatten er und Tuscan allein vollbracht und ihren Feinden so einen verhängnisvollen Beweis dafür gegeben, daß sie alles wagten und keine sterbliche Macht fürchteten.

Doch kaum waren sie auf dem Platz angelangt, wo die Sklaven zur Strafe ausgepeitscht werden, da legte man Hand an Cäsar und Tuscan, die schwach waren vor Hitze und Erschöpfung, überrumpelte sie, band sie an verschiedene Pfähle und peitschte sie auf die erbärmlichste und unmenschlichste Weise, wobei man ihnen das Fleisch von den Knochen riß, vor allem Cäsar, der keinen Klagelaut hören ließ oder sein Gesicht veränderte, sondern nur in wildem Grimm und tiefer Empörung die Augen gegen den treulosen Gouverneur und gegen jene rollte, welche er für schuldig hielt. Und er wurde vollends zornig, als er sah, daß all die Sklaven, die ihn noch vor einigen Tagen als etwas Übermenschliches angebetet hatten, nun eine Peitsche in der Hand hatten, um ihm ein paar Hiebe zu versetzen, während er mit sich kämpfte, seine Fesseln nicht zu sprengen, obgleich das ohnehin nicht möglich gewesen wäre; aber aus seinen Augen, die Feuer sprühten und gleichermaßen ehrfurchtgebietend und schrecklich anzusehen waren, sprach Drohung und Rache.

Als sie glaubten, sich genügend an ihm gerächt zu haben, banden sie ihn los, der fast ohnmächtig war durch den Blutverlust aus tausend Wunden an seinem ganzen Körper, von dem sie ihm die Kleider gerissen hatten, und führten ihn so blutend und nackt fort, beluden ihn mit Eisenfesseln und rieben sodann, um ihre Grausamkeit vollständig zu machen, indianischen Pfeffer in seine Wunden, der ihn fast rasend machte, und in diesem Zustand fesselten sie ihn so fest an den Boden, daß er sich nicht zu rühren vermochte, hätten es ihm gleich seine Qualen und Wunden erlaubt. Imoinda verschonten sie und ließen sie auch nicht die gegen ihren Gemahl verübte Grausamkeit sehen, sondern schafften sie nach Parham und sperrten sie ein, nicht aus Freundlichkeit gegen sie, sondern aus Angst, sie könne bei dem Anblick sterben oder zu früh gebären, und dann hätten sie einen jungen Sklaven und vielleicht auch die Mutter verloren.

Man darf getrost glauben, daß wir am Montagmorgen, als wir die Nachricht erhielten, Cäsar habe sich nach den Wäldern begeben und alle Neger mitgenommen, von äußerster Furcht ergriffen wurden, welche kein Zureden zu zerstreuen vermochte, er werde sich bis zur Nacht verstecken und dann kommen und uns allen die Kehle durchschneiden. Diese Angst bewog uns Frauen, zum Fluß hinab zu fliehen, um uns in Sicherheit zu bringen, und während wir fort waren, vollbrachten sie diese unmenschliche Rohheit; denn ich glaube, ich genoß dort genügend Autorität und Einfluß, daß ich eine solche Sache hätte verhindern können, wäre mir ein Verdacht gekommen. Doch wir waren nur wenige Meilen fort, als uns die Nachricht einholte, daß Cäsar ergriffen und wie ein gewöhnlicher Sklave ausgepeitscht worden sei. Wir trafen am Fluß mit Oberst Martin zusammen, einem Mann von großer Tapferkeit, Klugheit und Güte, den ich unter seinem eigenen Namen zum Andenken an seine Tapferkeit in einer Person meiner neuen Komödie verherrlicht habe.[45] Er war gescheit und beredt und hatte wegen seiner vortrefflichen Fähigkeiten einen großen Einfluß auf die Herzen der ganzen Kolonie. Und er war ein Freund Cäsars und verübelte diese unehrliche Handlungsweise gegen ihn in hohem Grade. Wir nahmen ihn mit zurück nach Parham, weil wir glaubten, es sei angebracht. Als wir dort eintrafen, hörten wir als erste Neuigkeit, der Gouverneur sei an einer Wunde gestorben, welche er durch Imoinda erhalten; aber so günstig lag die Sache nicht. Es scheint, als habe er sich das Vergnügen machen wollen, bei seinem Racheakt an Cäsar Zuschauer zu sein. Ehe die grausame Zeremonie beendet war, fiel er zu Boden, und da bemerkte man, daß die Wunde an seiner Schulter durch einen vergifteten Pfeil verursacht war, die jedoch, wie gesagt, seine indianische Geliebte heilte, indem sie die Wunde aussog.

Sobald wir angelangt waren, gingen wir zur Pflanzung, um Cäsar zu besuchen, den wir in einem unaussprechlich elenden Zustand fanden, und tausendmal habe ich mich darüber gewundert, wie er unter so marternden Qualen weiterzuleben vermochte. Wir sagten ihm alles, was Besorgnis, Mitleid und Güte uns eingaben, beteuerten unsere Unschuld an der Tat und unsern Abscheu vor solchen Grausamkeiten, gaben ihm tausend Versicherungen und erwiesen ihm tausend Huldigungen und baten ihn ebenso viele Male um Vergebung für die Übeltäter, bis wir so viel gesagt hatten, daß er uns glaubte, nicht an seiner üblen Behandlung teilgehabt zu haben; doch Byam, erklärte er uns, könne er niemals verzeihen. Was Trefry betraf, so gab er zu, dessen Kummer und Schmerz um seiner Leiden willen bemerkt zu haben, die er nicht aufzuhalten vermocht, im Gegenteil, er wäre beinahe von eben denselben Sklaven niedergeschlagen worden, als er zu seiner, Cäsars, Verteidigung gesprochen. Was aber Byam anginge, ihren Anführer, ihr Oberhaupt, der ihnen durch seine Rechtschaffenheit und sein Ehrgefühl ein Beispiel hätte geben sollen, so wünsche er um seinetwillen zu leben, damit er furchtbare Rache an ihm nehmen könne, und er sagte: »Es wäre besser für ihn gewesen, wenn er mich hingeopfert hätte, statt mir die verächtliche Peitsche zu geben.« Er weigerte sich, viel zu reden, und bat uns nur, ihm die Hand zu reichen; er nahm sie und beteuerte, die seine niemals zu heben, um uns etwas zuleide zu tun. Er hatte große Achtung vor Oberst Martin, dessen Rat er stets wie den eines Vaters annahm, und er versicherte ihm, er werde ihm in allem gehorchen, abgesehen von seiner Rache an Byam. »Deshalb«, sagte er, »ratet ihm um seiner eigenen Sicherheit willen, daß er mich schleunigst in eine andere Welt befördert; denn könnte ich es selber, ich würde es nicht tun, ehe dem meiner Person angetanen Schimpf und der Schmach eines Kriegers Gerechtigkeit widerfahren wäre. Nein, ich werde mich nicht einmal nach einem Auspeitschen töten, sondern bin willens, in dieser Ehrlosigkeit zu leben und von jedem grinsenden Sklaven mit dem Finger auf mich weisen zu lassen, bis ich meine Rache vollendet habe, und dann werdet Ihr erleben, daß Oroonoko es verachtet, in der Unwürdigkeit zu leben, welche Cäsar aufgebürdet wurde.« Was wir auch tun mochten, es war nicht möglich, weitere Worte aus ihm herauszubekommen und so sorgten wir dafür, daß er sogleich in ein heilsames Bad geschafft wurde, ihn von dem Pfeffer zu befreien, und ließen einen Wundarzt holen, daß er ihn mit Heilbalsam pflegte, was er auch mit sich geschehen ließ, und nach einiger Zeit konnte er wieder gehen und essen. Wir wollten nicht versäumen, ihn jeden Tag zu besuchen, und hatten ihn daher in einem Zimmer in Parham untergebracht.

Kaum hatte sich der Gouverneur erholt und Cäsars Drohungen gegen ihn vernommen, da berief er seine Ratsversammlung ein, die (ohne daß ich sie verleumden oder die dortige Verwaltung lächerlich machen will) aus so berüchtigten Schurken bestand, wie sie nie von Newgate deportiert wurden und die möglicherweise von Beginn an solche gewesen waren, die weder die Gesetze Gottes noch des Menschen kannten und keinerlei Grundsätze hatten, die sie des Namens von Menschen würdig machten, sondern die sogar am Ratstisch einander widersprachen und bekämpften und so lästerlich fluchten, daß es gräßlich zu hören war und ebenso gräßlich, sie zu sehen.[46] (Etliche unter ihnen wurden später, als die Niederländer das Land in Besitz nahmen, gehängt, andere in Ketten abgeschoben.) Doch als diese erlesenen Beherrscher der Nation zusammengerufen waren und um ihren Rat in dieser wichtigen Angelegenheit ersucht wurden, entschieden sie allesamt, dies könne (verdammt noch mal!) ihr eigener Fall sein, und an Cäsar müsse für alle Neger ein Exempel statuiert werden, sie von der Dreistigkeit abzuschrecken, ihren Vorgesetzten, ihren Herren und Gebietern zu drohen, und unter solchen Umständen sei ja keiner vor seinen eigenen Sklaven sicher, und sie beschlossen *nemine contradicente*[47], Cäsar solle gehängt werden.

Da hielt es Trefry an der Zeit, seine Macht zu gebrauchen, und er sagte Byam, seine Herrschaft erstrecke sich nicht auf die Pflanzung seines Grundherrn, Parham sei von dem Gesetz ebenso ausgenommen wie Whitehall und sie dürften die Diener des Grundherrn (der dort die Person des Königs repräsentierte) ebensowenig anrühren wie jene in der Umgebung des Königs selbst; Parham sei ein Heiligtum, und obgleich sein Grundherr als Person abwesend sei, so sei dennoch seine Macht, mit welcher er ihn, Trefry, betraut, hier, soweit die Gebiete dieser besonderen Pflanzung und alles dazugehörigen reichten; in dem Rest des Landes möge er, da er Gouverneur seines Herrn sei, seine Tyrannei üben. Trefry standen ebenso Mächtige oder noch Mächtigere zur Seite, die sich für Cäsars Leben interessierten und entschieden erklärten, er müsse beschützt werden. So setzten wir den Gouverneur und seinen weisen Rat vor die Tür (denn sie tagten in Parham House), stellten eine Wache um unseren Wohnsitz auf und ließen niemanden ein außer solchen, die wir unsere und Cäsars Freunde nannten.

Da der Gouverneur verwundet in Parham geblieben war, bis er vollständig genesen sei, mußte Cäsar erfahren, daß er noch da war. Von jeher hatte Byam dort seine meiste Zeit verbracht, da er zu jenen gehörte, die gern auf anderer Leute Kosten leben, und wenn er einen Tag abwesend war, so war er an zehn Tagen anwesend und pflegte mit Cäsar zu spielen, spazierenzugehen, zu jagen und zu fischen, so daß Cäsar nicht daran zweifelte, er werde, wenn er erst einmal zu Kräften gekommen, eine Gelegenheit finden, sich an ihm zu rächen, obgleich er nach einer solchen Rache nicht hoffen konnte weiterzuleben; denn wenn er auch der rasenden Wut des englischen Pöbels entginge, der sich vielleicht über die Gelegenheit, ihn umzubringen, gefreut hätte, so war er doch entschlossen, seine Geißelung nicht zu überleben. Gleichwohl hatte er mitunter schwache Stunden einer reuigen Sanftmut, die er seine Anfälle von Feigheit nannte, und in diesen Stunden kämpfte er mit der Liebe um den Sieg seines Herzens, das Partei nahm für seine bezaubernde Imoinda; doch den meisten Teil seiner Zeit verbrachte er mit schwermütigen Gedanken und finsteren Plänen. Wenn er diese Tat vollbrächte, so überlegte er, und entweder bei dem Versuch oder hinterher stürbe, so würde er seine liebreizende Imoinda der wütenden Menge als Beute oder bestenfalls als Sklavin zurücklassen; diesen Gedanken konnte sein großes Herz nicht ertragen. »Vielleicht«, sagte er sich, »wird sie zuerst von jedem Rohling geschändet, zuerst ihren widerlichen Begierden ausgesetzt und dann einem schmachvollen Tod.« Nein, er konnte nicht einen Augenblick weiterleben unter dieser Vorstellung, die zu unerträglich war, um hingenommen zu werden. Dies waren, wie er uns später erzählte, seine Gedanken und seine stillschweigenden Argumente gegen sein Herz, und nachdem er beschlossen hatte, nicht nur Byam, sondern alle jene zu töten, von denen er meinte, sie hätten ihn erzürnt, und sein Herz erfreute mit der Vorstellung des Gemetzels, mit dem er die ganze Pflanzung heimsuchen würde, entschied er sich nun zum erstenmal für eine Tat, die wir (wie grauenhaft sie uns auch zuerst anmutete) für tapfer und rechtschaffen erachteten, als wir seine Gründe vernommen hatten. Sobald er imstande war zu gehen und sich für tauglich hielt, seinen großen Plan auszuführen, bat er Trefry, ihm zu vertrauen und ihn ins Freie zu lassen, weil er glaube, ein Spaziergang werde ihm guttun, was ihm auch gewährt wurde. Er nahm Imoinda mit, wie er es in glücklicheren und ruhigeren Tagen zu tun gepflegt, und führte sie in einen Wald hinaus, wo er ihr (nachdem er mehrmals geseufzt und lange Zeit schweigend ihr Gesicht betrachtet hatte, während ihm wider Willen Tränen aus den Augen stürzten) seinen Plan mitteilte, zuerst sie, dann seine Feinde und darauf sich selbst zu töten; da es unmöglich sei, zu entfliehen, müßten sie sterben, sagte er ihr. Er sah die heldenmütige Frau geschwinder um den Tod bitten, als er ihn vorgeschlagen, nachdem sie seinen festen Entschluß erkannt hatte, und auf den Knien flehte sie ihn an, sie nicht seinen Feinden als Beute zurückzulassen. Zu Tode betrübt, aber dennoch erfreut über ihren edlen Entschluß, hob er sie auf, und während er sie mit der ganzen Leidenschaft und Sehnsucht eines Liebenden umarmte, der dem Tode nahe ist, zog er sein Messer, diesen Schatz seiner Seele, diese Freude seiner Augen zu töten, und während Tränen über seine Wangen rannen, lächelten die ihren vor Freude, daß sie von so edler Hand sterben und von ihm, den sie so zärtlich liebte und deswegen so aufrichtig verehrte, in ihre Heimat geschickt werden sollte (denn das ist ihre Idee vom Jenseits). Diese Frauen bringen ihren Ehegatten eine Ehrfurcht entgegen, die jener gleichkommt, welche irgendein anderes Volk einer Gottheit zollt, und wenn ein Mann einen Anlaß findet, seine Frau zu verlassen, so stirbt sie durch seine eigene Hand, sofern er sie liebt; ist das nicht der Fall, so verkauft er sie oder läßt sie durch jemand anders töten. Da es sich nun einmal so verhielt, darf man getrost glauben, daß die Tat rasch beschlossen war, und es ist nicht daran zu zweifeln, daß das Scheiden, der Abschied auf ewig zweier solcher Liebenden, so hochgeboren, so gefühlvoll, so schön, so jung und so liebevoll, sehr ergreifend gewesen sein muß, wie mir später berichtet wurde.

Als alles gesagt war, was Liebe in einem solchen Falle zu sagen vermag, und alle zeitweiligen Unschlüssigkeiten beseitigt waren, legte sich das liebreizende, junge und angebetete Opfer selber vor ihrem Opferpriester nieder, während er mit entschlossener Hand und in tiefem Herzeleid den todbringenden Streich führte, indem er ihr erst die Kehle durchschnitt und dann ihr immer noch lächelndes Gesicht von diesem köstlichen Leib trennte, so schwanger von den Früchten der zärtlichsten Liebe. Sobald er das getan hatte, bettete er den Leichnam geziemend auf ein Lager von Blättern und Blumen und verbarg ihn unter einer gleichen, von der Natur geschaffenen Decke, nur ihr Gesicht ließ er noch unbedeckt, um es anzuschauen. Doch da er nun sah, daß sie tot war, unwiederbringlich, ihn nie mehr mit ihren Augen und ihrer sanften Sprache zu beseligen, steigerte sich sein Schmerz zu wilder Wut, er tobte, raste und brüllte wie ein Ungeheuer des Waldes, wieder und wieder den geliebten Namen Imoindas rufend. Tausendmal kehrte er das verhängnisvolle Messer, welches die Tat vollbracht, gegen sein eigenes Herz, entschlossen, ihr sogleich zu folgen; aber die grausige Rache, die jetzt noch tausendmal ungestümer in seiner Seele lebte als zuvor, hielt ihn zurück, und er rief aus: »Nein, soll ich nun, da ich Imoinda meiner Rache geopfert habe, um die Ehre kommen, welche ich so teuer erkaufte für den Preis des schönsten, liebsten und sanftesten Geschöpfes, das die Natur je erschaffen? Nein und abermals nein!« Dann, da er ihren Namen genannt, erlangte der Schmerz das Übergewicht über seinen Zorn, und er legte sich neben sie und badete ihr Gesicht in Tränenschauern, und wie sehr er auch auf das beabsichtigte Gemetzel brannte, er hatte nicht die Kraft, sich vom Anblick dieses teuren, jetzt noch mehr denn je geliebten und angebeteten Geschöpfs zu entfernen.

In diesem jammervollen Zustand verharrte er zwei Tage und stand nicht ein einziges Mal von dem Boden auf, wo er sie zum beklagenswerten Opfer gemacht; endlich erhob er sich von ihrer Seite und beschuldigte sich, zu lange zu leben, da Imoinda nun tot war, und den Tod jener barbarischen Feinde zu lange hinauszuzögern, und beschloß, das große Werk zu vollenden; doch bei dem Versuch aufzustehen, merkte er, wie sich seine Kraft verzehrt hatte und daß er hin und her schwankte wie Äste in einem widrigen Wind. So war er genötigt, sich wieder hinzulegen und all seinen Mut zu seiner Unterstützung aufzurufen. Er merkte, wie ihm der Kopf schwindelte, vor seinen Augen verschwamm alles, und die Gegenstände erschienen ihm nicht so wie gewohnt; sein Atem ging kurz, und in allen seinen Gliedern fühlte er plötzlich eine befremdliche Schwäche, wie er sie nie zuvor gespürt. Er hatte zwei Tage nichts gegessen, und das war eine Ursache seiner Ermattung, die größte war jedoch das Übermaß an Schmerz; dennoch hoffte er, wieder Kraft zu sammeln, damit er seinen Plan ausführen könne, und in dieser Erwartung lag er noch sechs weitere Tage, immer noch über den toten Abgott seines Herzens klagend und jeden Tag bemüht, aufzustehen; aber er vermochte es nicht.

Man kann sich denken, daß wir die ganze Zeit in nicht geringer Sorge waren um Cäsar und seine Frau. Etliche waren der Ansicht, er sei entflohen, um nie wiederzukehren, andere glaubten, ihm sei ein Unfall zugestoßen; doch dessenungeachtet versäumten wir nicht, an die hundert Leute auf verschiedenen Wegen auszuschicken, daß sie nach ihm suchten. Ein Trupp von etwa vierzig Männern ging den Weg, welchen er genommen. Unter ihnen befand sich Tuscan, der sich mit Byam völlig ausgesöhnt hatte. Sie waren noch nicht weit in den Wald eingedrungen, als sie einen ungewöhnlichen Geruch wahrnahmen, wie von einem Leichnam; Gestank muß sehr aufdringlich sein, daß er sich unter einer solchen Fülle von Wohlgerüchen heraushebt, die jeder Zollbreit dieses Bodens hervorbringt. So kamen sie zu dem Schluß, sie würden Cäsar tot auffinden oder irgendeinen anderen Leichnam, und gingen weiter darauf zu, wie abscheuerregend es auch war, und verursachten dabei ein solches Geraschel in den unaufhörlich fallenden Blättern, die dick den Boden bedeckten, daß Cäsar ihr Nahen vernahm, und obgleich er sich im Zeitraum dieser acht Tage ständig bemüht hatte aufzustehen, doch immer wieder erkannt hatte, daß es ihm an Kraft mangelte, sprang er jetzt hoch, sobald er aufgeblickt und seine Verfolger gesehen hatte, und taumelte zu dem nächsten Baum, an den er seinen Rücken stemmte, und da er noch ein Dutzend Ellen von denen entfernt war, die auf ihn zukamen und ihn sahen, rief er ihnen zu und ersuchte sie, um ihrer Sicherheit willen nicht näher zu treten. So blieben sie stehen und wollten kaum ihren Augen trauen, die ihnen einreden wollten, es sei Cäsar, der zu ihnen sprach, so verändert war er. Sie fragen ihn, was er mit seiner Frau getan habe, denn sie röchen einen Gestank, der sie beinahe umbringe. Er deutete auf den Leichnam, seufzte und rief: »Da seht ihr sie!« Mit ihren Knütteln schoben sie die Blumen beiseite, die sie bedeckten, erkannten, daß sie getötet war, und riefen aus: »O du Ungeheuer, der du dein Weib gemordet hast!« Dann fragten sie ihn, warum er eine so grausame Tat getan. Er erwiderte, daß er nicht die Muße habe, ungehörige Fragen zu beantworten. »Ihr könnt zurückgehen und dem treulosen Gouverneur erzählen«, fuhr er fort, »er möge seinem Schicksal danken, daß ich meinen letzten Atemzug tue und daß mein

Arm zu schwach ist, meinem Herzen in dem zu gehorchen, was es ihm bestimmt hatte.« Doch da seine Zunge strauchelte und zitterte, vermochte er seine Worte kaum zu vollenden. Die Engländer nutzten seine Schwäche aus und riefen: »Laßt ihn uns auf alle Fälle lebendig ergreifen.« Er hörte sie, und als sei er aus einer Ohnmacht oder einem Traum zum Leben erwacht, rief er: »Nein, Gentlemen, ihr täuscht euch, ihr werdet keine Cäsars mehr zum Auspeitschen, auch kein Vertrauen mehr bei mir finden. So schwach ihr mich glaubt, habe ich doch genügend Kraft übrigbehalten, mich vor einer zweiten so schimpflichen Behandlung zu schützen.« Sie schworen alle aufs neue, aber er schüttelte nur den Kopf und blickte sie voller Verachtung an. Dann riefen sie: »Wer will sich an diesen einzelnen wagen? Niemand?« Keiner rührte sich, indes Cäsar entgegnete: »Verhängnisvoll wird der Angriff des ersten Tollkühnen enden, mag er sich selber davon überzeugen.« Und bei diesen Worten hielt er mit drohender Gebärde sein Messer empor. »Schaut her, ihr treuloses Gesindel«, fuhr er fort, »nicht das Leben begehre ich, noch fürchte ich mich vor dem Sterben« (und dabei schnitt er sich ein Stück Fleisch von der Kehle und warf es ihnen hin), »doch wenn es mir möglich wäre, würde ich dennoch gern weiterleben, bis ich meine Rache vollendet habe. Doch wehe! Es kann nicht sein. Ich spüre, wie mir das Leben aus den Augen und dem Herzen entweicht, und wenn ich mich nicht eile, werde ich als ein Opfer der schändlichen Peitsche fallen.« Danach schlitzte er sich selber den Bauch auf, packte seine Eingeweide und zog sie mit aller Kraft, die ihm verblieben war, heraus, während ihn etliche auf den Knien anflehten, innezuhalten. Doch als sie ihn taumeln sahen, riefen sie: »Will es denn keiner mit ihm aufnehmen?« Ein verwegener Engländer antwortete: »Ja, und wenn er der Teufel wäre« (denn er wurde mutig, da er ihn schon fast tot sah), und stürzte sich auf ihn mit einem gräßlichen Fluch als Abschiedsgruß für diese Welt. Cäsar kam ihm mit seiner bewaffneten Hand so paßlich entgegen, daß er ihn ins Herz stach, worauf ihm jener tot zu Füßen fiel. Als Tuscan das sah, rief er: »Oh, Cäsar, ich liebe dich, und deshalb will ich dich, wenn es angeht, nicht sterben lassen«, und lief auf ihn zu und umarmte ihn, schützte sich jedoch gleichzeitig vor einem gegen seine Brust geführten Streich Cäsars und fing ihn mit seinem Arm auf, der davon durchbohrt wurde. Da Cäsar nicht mehr die Kraft hatte, das Messer herauszuziehen, blieb es in der Wunde, denn auch Tuscan holte es nicht heraus und wollte es auch nicht entfernen lassen; als Grund dafür gab er an, es solle keine Luft an die Wunde kommen. Sie legten Cäsars Hände über Kreuz und trugen ihrer sechs den Bewußtlosen, den sie tot oder im Sterben glaubten, und brachten ihn nach Parham, wo sie ihn auf ein Lager betteten und sogleich den Wundarzt kommen ließen, der seine Wunde verband, seinen Bauch zunähte und allerlei wirksame Mittel anwandte, ihn wieder zum Leben zu erwecken. Wir alle liefen hin, ihn zu sehen, und wie herrlich er uns zuvor erschienen war, jetzt war er so verändert, daß sein Gesicht einem geschwärzten Totenkopf glich, mit nichts als Zähnen und Augenhöhlen. Mehrere Tage ließen wir niemanden mit ihm sprechen, sondern veranlaßten, daß ihm Herzstärkungen eingeflößt wurden, die ihn am Leben erhielten und nach sechs oder sieben Tagen wieder zu Bewußtsein brachten. Dabei muß man allerdings wissen, daß in Westindien fast alle Wunden wie durch ein Wunder geheilt werden, ausgenommen an den Beinen, die ganz selten kuriert werden.

Als er sich hinreichend wohl befand zu sprechen, unterhielten wir uns mit ihm und stellten ihm etliche Fragen über seine Frau und die Gründe, warum er sie getötet habe, und darauf erzählte er uns nur, wie ich es wiedergegeben habe, von seinem Entschluß und seinem Abschied und bat uns inständig, wir sollten ihn sterben lassen; denn der Gedanke, er könne möglicherweise weiterleben, quäle ihn über die Maßen; er versicherte uns, wenn wir ihn nicht in die andere Welt schickten, würde es sich für sehr viele als überaus verhängnisvoll erweisen. Wir sagten alles nur Erdenkliche, ihn zum Leben zu ermutigen, und gaben ihm neue Zusicherungen, doch er bat uns nur, nicht so erbärmlich von ihm und seiner Liebe zu Imoinda zu denken, daß wir meinten, ihn durch Schmeichelei ins Leben zurückzuführen; überdies habe ihm der Wundarzt versichert, daß er nicht weiterleben könne, und er brauche sich deswegen keine Sorgen zu machen. Wir alle (ausgenommen Cäsar) waren tief betrübt über diese Nachrichten, und sein Anblick war grausig. Was er sagte, war so traurig, und der Erdgeruch um ihn so stark, daß ich mich überreden ließ, den Ort für eine Zeitlang zu verlassen (da ich mich ohnehin nicht wohl befand und wegen ungewöhnlicher Schwermut durchaus imstande war, in eine gefährliche Krankheit zu verfallen). Die Bedienten, Trefry und die Ärzte versprachen mir, sich mit aller nur erdenklichen Fürsorge um Cäsar zu bemühen, und ich nahm das Schiff und machte nun in anderer Gesellschaft die drei Tage währende Reise flußab zu der Besitzung Oberst Martins. Doch kaum war ich fort, da nahm der Gouverneur Trefry in Anspruch wegen einer angeblich ernsten Angelegenheit, die ihn eine Tagesreise flußauf führen sollte, und diesen Plan hatte er zuvor mit einem Menschen namens Banister[48], einem abenteuerlichen Iren, beraten, der seiner Ratsversammlung angehörte, einem Kerl von schlechterdings grenzenloser Grausamkeit, der jeder Niederträchtigkeit fähig, aber reich war. So kam Banister nach Parham, bemächtigte sich Cäsars mit Gewalt und ließ ihn an den nämlichen Pfahl führen, wo er ausgepeitscht worden war. Dort ließ er ihn anbinden und ein gewaltiges Feuer vor ihm entfachen und sagte ihm dann, er solle wie ein Hund sterben, der er sei. Cäsar entgegnete, dies sei das erste Zeichen von Mut an Banister, und bis zu diesem Ausspruch habe er nie etwas Vernünftiges von sich gegeben, und wenn er sein Wort halten wolle, so werde er in der anderen Welt aussagen, daß von allen Weißen er der einzige gewesen sei, welchen er je die Wahrheit habe sprechen hören. Darauf wandte er sich an die Männer, die ihn angebunden hatten, und sagte: »Meine Freunde, soll ich sterben oder gepeitscht werden?« Und sie riefen: »Gepeitscht? Nein, so gut sollt Ihr nicht davonkommen!«, worauf er lächelnd erwiderte: »Segen über euch!«, und ihnen versicherte, sie brauchten ihn nicht zu binden, denn er würde feststehen wie ein Fels und den Tod so erdulden, daß sie zum Sterben ermutigt würden.[49] »Aber wenn ihr mich peitscht«, sagte er, »dann vergeßt ja nicht, mich fest zu binden.«

Er hatte das Tabakrauchen kennengelernt, und als er sicher war, daß er sterben müsse, verlangte er, ihm eine bereits angezündete Pfeife in den Mund zu stekken, und so geschah es. Und dann kam der Henker und schnitt ihm zuerst das Glied ab und warf es ins Feuer, danach schnitten sie ihm mit einem stumpfen Messer die Ohren und die Nase ab und verbrannten sie. Er rauchte immer noch, als habe ihn nichts betroffen. Dann hackten sie ihm einen Arm ab, und immer noch hielt er sich aufrecht und ließ nicht von seiner Pfeife; doch als der andere Arm abgeschnitten wurde, sank sein Kopf, und die Pfeife entfiel ihm, und er gab seinen Geist auf, ohne ein Stöhnen oder einen Vorwurf. Meine Mutter und meine Schwester waren die ganze Zeit bei ihm, durften ihn jedoch nicht retten, so roh und wild war der Pöbel, und so unmenschlich waren die Richter, die dabeistanden und der Hinrichtung zusahen und die später ihre Anmaßung teuer genug bezahlt haben. Sie schnitten Cäsar in vier Teile und schickten diese zu verschiedenen der größten Plantagen. Ein Viertel wurde Oberst Martin zugesandt, der es verweigerte und schwor, lieber hätte er auf seinen Pflanzungen die Viertel Banisters und des Gouverneurs selbst gesehen als die von Cäsar, und er könne seine Neger regieren, ohne sie mit dem entsetzlichen Anblick eines verstümmelten Königs in Schrecken und Kummer zu versetzen.

So starb dieser große Mann, der eines besseren Schicksals würdig war und einen erhabeneren Geist als den meinen verdient hätte, zu seinem Ruhme zu schreiben. Dennoch hoffe ich, das Ansehen meiner Feder ist beträchtlich genug, seinen ruhmreichen Namen für alle Zeiten überleben zu lassen, zugleich mit dem der tapferen, schönen und beständigen Imoinda.

Anmerkungen

1 Solche Wahrheitsbeteuerungen, die die Authentizität des Erzählten betonen, sollten die Skepsis damaliger Leser gegenüber bloß Erfundenem beschwichtigen.

2 Die Behauptung der Erzählerin, sie habe die Figuren persönlich gekannt und das Geschehen als Augenzeugin miterlebt, gehört zu den traditionellen Strategien, mit denen der Wahrheitsanspruch des Erzählten bekräftigt wurde. Demselben Zweck dient die Berufung auf Gewährsmänner, die die Glaubwürdigkeit jener Ereignisse garantieren sollen, bei denen die Erzählerin nicht persönlich zugegen war.

3 Surinam, bekannter unter dem Namen Niederländisch-Guayana, war bis 1667 eine an der Nordküste Südamerikas gelegene englische Provinz. Im Frieden von Breda (1667) wurde Surinam im Austausch gegen Neu-Amsterdam (das heutige New York) an die Niederlande abgetreten. Seit 1975 ist es unabhängig.

4 Diese Beschreibung bezieht sich auf eine Figur in der heroischen Tragödie *The Indian Queen* (1663) von John Dryden (1631-1700) und Sir Robert Howard (1626-1698), zu der Aphra Behn Federschmuck aus Surinam beisteuerte. Seit der Wiedereröffnung der Theater im Jahre 1660 waren das *Theatre Royal* und das *Duke's Playhouse* die einzigen öffentlichen Theater in London.

5 Die antizivilisatorischen Tendenzen sind bei dieser auf Rousseau vorausweisenden Idealisierung des Naturzustandes ebenso unüberhörbar wie der Wunsch vieler Europäer im 17. und 18. Jahrhundert, zu dieser Natürlichkeit zurückzufinden. Die folgende Beschreibung der Eingeborenen in Surinam weist viele jener Merkmale

auf, die für das Bild des Edlen Wilden typisch wurden (vgl. Einleitung, S. 30-37).

6 Diese Schilderung friedfertiger Polygamie steht in scharfem Gegensatz zur Darstellung der Ehe in den Komödien der Restaurationszeit (»restauration comedies«), in denen Liebesbeziehungen als unerbittlicher Konkurrenzkampf erscheinen, bei dem alle Beteiligten auf die Befriedigung eigener Bedürfnisse – vor allem auf Seitensprünge und sexuelle Abenteuer – aus sind.

7 Bezeichnenderweise werden nicht ideologische Vorbehalte, sondern praktische Gründe – der Nutzen der Surinamesen als Handelspartner und deren zahlenmäßige Überlegenheit – als Erklärung dafür angeführt, warum die europäischen Siedler keinen Versuch unternehmen, sie als Sklaven zu behandeln.

8 Die folgende Beschreibung der Art und Weise, wie Neger versklavt wurden, entspricht weitgehend der tatsächlichen Praxis im damaligen Sklavenhandel.

9 Coramantien war ein Küstengebiet im heutigen Ghana; die Gold- und Elfenbeinküste gehörte zum Haupthandelsgebiet der Königlich Afrikanischen Gesellschaft, die das Privileg für den Sklavenhandel besaß.

10 Stammesführer verkauften nicht nur Kriegsgefangene als Sklaven an europäische Händler, sondern bisweilen auch Männer und Frauen aus ihren Stämmen. Die Handelsmetaphorik vermittelt ein eindrucksvolles Bild davon, daß Negersklaven als Ware oder Fracht angesehen wurden.

11 Nach langen Auseinandersetzungen zwischen König und Parlament war 1642 in England ein Bürgerkrieg zwischen Puritanern und Anhängern der Monarchie ausgebrochen, der sich bis 1649 hinzog. Als Royalistin verabscheute Behn, daß König Karl I. im Januar 1649 zum Tode verurteilt und hingerichtet worden war.

12 Der Hinweis auf Oroonokos verhältnismäßig helle Haut-

farbe und seine römische Nase sind Teil der Absicht, den Titelhelden, der keinerlei negroide Züge aufweist, von den übrigen Afrikanern abzuheben. Dieses Bemühen, ihn als außergewöhnlich und idealtypisch hinzustellen, zeugt von den deutlichen Konzessionen an den Geschmack damaliger Leser, die an einem ›echten‹ Neger als Helden kaum Gefallen gefunden hätten.

13 Die Erzählerin vergleicht die Heldin mit Venus, der antiken Göttin der Schönheit und sinnlichen Liebe, und den Helden mit dem römischen Kriegsgott Mars.

14 »Königin der Nacht« ist eine konventionelle Metapher für eine wunderschöne schwarze Frau.

15 Diese Gegenüberstellung der ehrenhaften Polygamie der Coramantier, die eine Frau niemals der Not, Schande oder dem Elend überlassen, mit den üblen Sitten in christlichen Ländern übt Kritik an den gesellschaftlichen Verhältnissen in England, wo Prostitution und sexuelle Doppelmoral Hand in Hand gingen.

16 Es gehörte zu den Klischees der Restaurationskomödie, daß ältere Liebhaber zwar als lüstern, aber gleichfalls als impotent dargestellt wurden.

17 Die nun folgende höfische Intrige dient in erster Linie als Prüfstein für die unerschütterliche Treue und Liebe des Heldenpaares.

18 Da die Frau nach damaligem englischen Recht – mitsamt ihrem Eigentum und ihrem Körper – Eigentum des Mannes war, galt jener im Falle einer Verführung als der Geschädigte und konnte sogar auf Schadensersatz klagen, was nicht selten mit Erfolg geschah.

19 Auch die Jungfräulichkeit galt als rechtmäßiges Eigentum des Ehemanns; deren vorehelicher Verlust stellte eine enorme Minderung des Marktwerts einer Frau dar.

20 Diese Ansicht, daß nicht Rang oder Herkunft, sondern allein die Tugenden des Individuums maßgeblich sind, wird durch die Figurenkonstellation bestätigt. Die Vertei-

lung von positiven und negativen Merkmalen in dem Roman durchbricht alle Rassen-, Geschlechts- und Religionsunterschiede.

21 Auch diese Schilderung des heimtückischen Menschenraubs gibt durchaus die Gepflogenheiten des Sklavenhandels im 17. Jahrhundert wieder.

22 Der Surinam mündet in der Nähe der Stadt Paramaribo in den Atlantischen Ozean; nicht sehr weit vom südamerikanischen Schauplatz der Handlung entfernt mündet außerdem der Orinoko in den Golf von Paria.

23 Englische Kolonisten nannten Neger- und Mischlingskinder »Piccaninies«.

24 Der aus Cornwall stammende Plantagenverwalter Trefry, der neben der Erzählerin der größte Freund Oroonokos unter den Weißen ist, gehört zu den historisch nachweisbaren Persönlichkeiten.

25 Eine obskure Variante von ›Osnaburg‹, einer Bezeichnung für einen Leinenstoff, der in der norddeutschen Stadt Osnabrück hergestellt wurde.

26 Es war allgemein üblich, Sklaven neue Namen zu geben. Wenn Oroonoko auf den Namen Cäsar umgetauft wird, so weist dies auf Charaktereigenschaften des Helden wie Mut, Tapferkeit und Größe hin, die dem römischen Kaiser (100-44 v. Chr.) allgemein zugeschrieben werden.

27 Das nach Lord Willoughby von Parham benannte und auf dem Hügel Parham Hill gelegene Regierungsgebäude Parham House bildete den Mittelpunkt der englischen Siedlung in Surinam.

28 Karl II. von England, der 1685 verstorben war.

29 Der von der Erzählerin wiederholt verwendete »Unsagbarkeitstopos«, der die Unfähigkeit betont, dem Stoff gerecht werden zu können, soll hervorheben, wie außergewöhnlich das Heldenpaar und dessen Liebe waren.

30 In mehreren von Behns Erzählungen stehen Nonnen im Mittelpunkt: *The Nun, or, The Perjur'd Beauty; The*

History of the Nun, or, The Fair Vow-Breaker; The Fair Jilt, or, The Amours of Prince Tarquin and Miranda.

31 In Guayana ist die Anakonda, die größte der Boaschlangen, beheimatet. Sie kann eine Länge von 10 Metern erreichen. Der makedonische Herrscher Alexander der Große (356-323 v. Chr.), den Behn vermutlich meinte, erforschte zwar auf seinem Indienzug das Indusdelta und den Seeweg durch den persischen Golf, gelangte jedoch nie nach Südamerika. Erst durch die Entdeckungsreisen im 17. und 18. Jahrhundert wurde der Amazonas in Europa bekannt, wobei ein anderer Alexander, der Freiherr von Humboldt (1769-1859), mehr als einhundert Jahre nach Behns Tod eine bedeutende Rolle spielte.

32 Als Vertreter der englischen Krone in Westindien hatte Francis Willoughby, 5. Baron Willoughby von Parham (1613?-1666), das Amt des Lord-Governors von Surinam inne. Da er seinen Sitz auf Barbados hatte, hielt er sich nur vorübergehend in Surinam und den weiteren westindischen Kolonien auf.

33 Diese autobiographischen Äußerungen der Erzählerin bieten Behns Biographen wichtige Anhaltspunkte für die Rekonstruktion ihres Aufenthalts in Surinam.

34 Im Frieden von Breda, der am 31. Juli 1667 unterzeichnet wurde und das Ende des zweiten englisch-holländischen Seekriegs markierte, wurde festgelegt, daß England Surinam an die Niederlande abtreten mußte, aber im Gegenzug die Neuen Niederlande mit der schon damals wichtigen Hafenstadt Neu Amsterdam, das heutige New York, erhielt.

35 Diese kuriosen Angaben zur Ost-West-Ausdehnung Surinams sind bezeichnend für die mehr als vagen geographischen Vorstellungen der Autorin. Inwieweit die topographischen Details auf Behns eigener Anschauung beruhen oder von ihr aus der Reiseliteratur übernommen wurden, läßt sich nicht zweifelsfrei klären.

36 Das Haus, in dem Behn während ihres Aufenthalts in Surinam lebte, gehörte zur Plantage von Sir Robert Harley.

37 Die Mall (wörtlich »Laubenpromenade«) ist eine Prachtallee in London, die im 17. Jahrhundert zu den wichtigsten Treffpunkten und Vergnügungsstätten der Oberschicht gehörte.

38 Während Harry Martin (eigt. Henry Marten, 1602-1680), einer der ›Königsmörder‹, zu den prominentesten und radikalsten Anhängern Cromwells zählte, war sein Bruder George, der in *Oroonoko* als ›Oberst Martin‹ figuriert, Plantagenbesitzer in Surinam.

39 Trotz dieses übertriebenen Vergleichs handelt es sich wohl um einen Jaguar, der in Südamerika *El Tigre* genannt wird, die größte in Guayana beheimatete Großkatze. Die Beschreibung von Einzelheiten bei der ›Tigerjagd‹, die auf den Roman des 18. Jahrhunderts vorausweist, unterscheidet sich deutlich von anderen Prosaromanzen aus dieser Zeit, in denen die Eigenschaften der idealisierten Helden zwar genannt, aber nur selten am Beispiel konkreter Handlungen illustriert werden.

40 Berichte über die Wirkungen des Zitteraals, der über 2 Meter lang wird und die Flüsse des nördlichen Südamerikas bewohnt, finden sich in verschiedenen Reiseberichten des 17. und 18. Jahrhunderts; da die von den elektrischen Organen seines Körpers erzeugte Spannung über 500 Volt betragen kann, erscheint die folgende Episode plausibel.

41 Lord Willoughby kam 1666 bei einem Schiffbruch ums Leben.

42 Da Freitag der Tag war, an dem Sklaven bestraft und ausgepeitscht wurden, nannte man ihn »Schwarzer Freitag«; zugleich war dies eine Bezeichnung für den Tag der Kreuzigung Christi.

43 Der karthagische Feldherr und Staatsmann Hannibal

(247-183 v. Chr.) überschritt 218 v. Chr. mit seinem Heer und seinen Kriegselefanten die verschneiten Alpen.

44 Von 1662 bis 1667 war William Byam Vizegouverneur von Surinam. Die Tatsache, daß er den Posten erhielt, der für Aphra Behns Vater vorgesehen war, mag ein Grund für ihre ausgeprägte Antipathie gegenüber Byam gewesen sein.

45 George Marteen, eine der Hauptfiguren in Aphra Behns Komödie *The Younger Brother, or, The Amorous Jilt*, die erst 1696 uraufgeführt wurde, ist nach George Martin (vgl. Anmerkung 38) benannt.

46 Diese satirische Schilderung der Ratsversammlung der Kolonisten könnte durchaus historischen Tatsachen entsprechen, denn viele der Siedler waren in der Tat ehemalige Strafgefangene aus dem berüchtigten Zuchthaus Newgate, von dem aus Verurteilte in die Kolonien deportiert wurden. In Behns Stück *The Widow Ranter: Or, The History of Bacon in Virginia* (1689) wird eine Versammlung von Kolonisten in Virginia ähnlich dargestellt.

47 Lateinische Phrase, die besagt, daß niemand diesem Beschluß widersprach.

48 Der Hauptfeldwebel Banister war der Nachfolger Byams, der die Kolonie 1667 den Holländern übergab.

49 Die Neger aus Coramantien waren für ihre Tapferkeit und Standhaftigkeit berühmt und nicht zuletzt deshalb als Sklaven begehrt.

Inhalt

Bernard de Fontenelle

Gespräche im Elysium

Bernard de Fontenelle (1657-1757), Schriftsteller und Philosoph der frühen Aufklärung, läßt in diesem Buch die unterschiedlichsten Persönlichkeiten, die einander im wirklichen Leben nie begegnet wären, Gespräche im Totenreich führen.

Homer und Äsop plaudern über Dichtung und Wahrheit, Sappho und Laura über Angriff und Verteidigung in der Liebe, Montaigne und Sokrates streiten über Geist und Moral in Antike und Moderne; insgesamt 36 höchst ersprießliche Begegnungen. Den geistreichen, sprachlich geschliffenen Dialogen gehen einleitende Worte von Werner Langer voraus, die die Gesprächspartner und ihr Werk in ihrem gesellschaftlich-philosophischen Zusammenhang vorstellen.

276 Seiten · DM 28,00 · ISBN 3-88506-407-3

Roberto Massari

Mary Shelleys Frankenstein

Vom romantischen Mythos zu den Anfängen der Science Fiction

Gibt es für den wissenschaftlich-technischen Fortschritt überhaupt ethische Grenzen? Akzeptiert der Wissenschaftler in seinem Drang nach Erkenntnis moralische Schranken?

Roberto Massari legt in seinem Buch die vielfältigen kultur- und literaturgeschichtlichen Wurzeln von Mary Shelleys Schauerroman frei, dessen Bezüge von der biblischen Schöpfungsgeschichte über die griechische Mythologie bis zur heutigen Science Fiction reichen. Der Gelehrte Frankenstein, dem die Schaffung eines menschenähnlichen Lebewesens aus toter Materie gelingt, erscheint als romantischer Prometheus, der sich über die Gesetze der natürlichen, gottgegebenen Ordnung hinwegsetzt.

228 Seiten · DM 26,80 · ISBN 3-88506-413-8

Sammlung Junius 16
Junius Verlag GmbH
Stresemannstraße 375
2000 Hamburg 50

Titel der englischen Originalausgabe:
Oroonoko, or, The History of the Royal Slave

Abbildung entnommen aus:
Angeline Goreau, Reconstructing
Aphra: A Social Biography of Aphra Behn,
New York 1980 (S. 180).
Einbandgestaltung: Johannes Hartmann, Hamburg
Satz: Junius Verlag, Hamburg
Druck: SOAK GmbH, Hannover
Printed in Germany 1990
ISBN 3-88506-416-2
1. Auflage April 1990

Aus dem Englischen von Christine Hoeppener

CIP-Titelaufnahme der Deutschen Bibliothek
Behn, Aphra:
Oroonoko oder Die Geschichte vom königlichen Sklaven / Aphra
Behn. – 1. Aufl. – Hamburg: Junius-Verl., 1990
(Sammlung Junius; 16)
Einheitssacht.: Oroonoko or the history
of the royal slave ‹dt.›
ISBN 3-88506-416-2
NE: GT